Erinnerungen an Robert Sauer

Robert Sauer

16. 9. 1898 – 22. 8. 1970

Erinnerungen an Robert Sauer

Beiträge zum Gedächtniskolloquium
anläßlich seines 10. Todestages

von
H. Franke W. Wild
J. Lense C. Heinz H. Jordan
A. Molitoris H. Götze J. v. Elmenau
A. Scheuermann F. L. Bauer

Herausgegeben von F. L. Bauer und G. Schmidt

Redaktion: Dr. Ludwig Zagler
Zusammenstellung der Bibliographie: Dr. Franz Winter, Michael Lundgreen
Typescript: Corinna Siggelkow
Satz und Druck dieses Heftes wurden ermöglicht durch freundliche Unterstützung des Springer-Verlags und des Hauses Siemens

ISBN-13:978-3-540-10951-8 e-ISBN-13:978-3-642-93190-1
DOI: 10.1007/978-3-642-93190-1

Herstellung: J. Beltz, Hemsbach

2145/3140

Inhaltsverzeichnis

Vorbemerkung

Am 20. Oktober 1980 veranstalteten die Bayerische Akademie der Wissenschaften und die Technische Universität München ein Gedächtniskolloquium aus Anlaß des 10. Todestages von Robert Sauer.

In dieser Festschrift sind die Beiträge abgedruckt, die in der Vormittagssitzung unter dem Titel

Robert Sauers Leben und Werk
– Erinnerungen an Robert Sauer –

vorgetragen wurden. Die Reihenfolge der Beiträge wurde dem chronologischen Ablauf von Sauers Leben angepaßt. Ergänzt wird die Festschrift durch die Bibliographie und biographische Notizen.

Organisationskomitee:
Prof. Dr. Dr ès sc. h. c. Friedrich L. Bauer, TU München
und Bayerische Akademie der Wissenschaften
Prof. Dr. Roland Bulirsch, TU München
Prof. Dr. Klaus Samelson †, TU München
Prof. Dr. Gunther Schmidt, TU München
Prof. Dr. Gerhard Seegmüller, Leibniz-Rechenzentrum
der Bayerischen Akademie der Wissenschaften
Prof. Dr. Hans J. Stetter, TU Wien

Autorenverzeichnis

Prof. Dr. Herbert Franke
Ordinarius für Sinologie an der Universität München, Präsident der Bayerischen Akademie der Wissenschaften

Prof. Dr. Wolfgang Wild
Ordinarius für Theoretische Physik, Präsident der Technischen Universität München

Dr. h.c. Johannes von Elmenau
Ministerialdirigent i. R. im Bayerischen Staatsministerium für Unterricht und Kultus

Prof. Dr. Josef Lense
emeritierter ordentlicher Professor für Höhere Mathematik und Analytische Mechanik an der Technischen Universität München

Prof. Dr. Carl Heinz
ordentlicher Professor für Technische Mechanik an der Rheinisch-Westfälischen Technischen Hochschule Aachen

Prof. Dr. Heinz Jordan
Vorsitzender des Vorstandes der Deutschen Forschungs- und Versuchs-Anstalt für Luft- und Raumfahrt

Frau Angela Molitoris
Kanzlerin i. R. der Technischen Universität München

Dr. Dr. h.c. mult. Heinz Götze
Mitinhaber des Springer-Verlags Heidelberg

Prälat Prof. Dr. Audomar Scheuermann
Ordinarius für kanonisches Prozeß- und Strafrecht an der Universität München, Erster Vizepräsident des Bayerischen Senats

Prof. Dr. Dr ès sc. h.c. Friedrich L. Bauer
Ordinarius für Mathematik und Informatik an der Technischen Universität München, Ständiger Sekretär der Kommission für Informationsverarbeitung der Bayerischen Akademie der Wissenschaften

Beiträge zum Gedächtniskolloquium

Franke:

Im Namen der Bayerischen Akademie der Wissenschaften möchte ich Sie alle willkommen heißen, die Sie sich zu Ehren von Robert Sauer aus Anlaß seines zehnten Todestages zu einem Gedächtniskolloquium zusammengefunden haben.

Es gereicht uns zur großen Freude, daß so viele Persönlichkeiten des wissenschaftlichen und öffentlichen Lebens der Einladung der Bayerischen Akademie der Wissenschaften und der Technischen Universität München gefolgt sind. Es sind so viele, daß eine namentliche Begrüßung von allen entfallen muß. Erlauben Sie mir aber bitte, aus der großen Zahl der Gäste einige besonders willkommen zu heißen.

Wir begrüßen als Vertreterin des Bayerischen Staatsministeriums für Unterricht und Kultus Frau Staatssekretärin Dr. Mathilde Berghofer-Weichner und als Vertreter der Bayerischen Staatskanzlei Herrn Ministerialdirektor Dr. Rainer Kessler.

Unter den anwesenden Persönlichkeiten aus der Wissenschaft möchte ich begrüßen den Ehrenpräsidenten der Max-Planck-Gesellschaft, Herrn Professor Butenandt, vor allem aber auch die Vertreter ausländischer Akademien und Hochschulen, denen Robert Sauer besonders verbunden war, Herrn Professor Oswatitsch aus Wien, Herrn Professor Pignedoli aus Modena und Herrn Professor Fichera aus Rom.

Die Leistungen von Robert Sauer als Forscher und als Lehrer auf seinem Fachgebiet, was er an der Spitze der Technischen Hochschule München als Rektor für sie getan hat, seine Tätigkeit als Professor an der Technischen Hochschule in Aachen, sein Wirken als Mitglied und später als Erster Vizepräsident des Bayerischen Senats – das alles wird im Laufe dieser Veranstaltung von berufener Seite Würdigung erfahren.

Ich selbst möchte versuchen, etwas über das Wirken von Robert Sauer in unserer Akademie zu sagen, deren Präsident er von 1965 bis 1970 gewesen ist.

Schon sehr bald nach seiner 1948 erfolgten Berufung auf das Ordinariat für Höhere Mathematik und Analytische Mechanik, nämlich 1950, hat die Akademie Robert Sauer zum ordentlichen Mitglied ihrer mathematisch-naturwissenschaftlichen Klasse gewählt. Seine Forschung hatte aber schon vorher, nämlich 1924, in einem Sitzungsbericht der Akademie Niederschlag gefunden, in einer zusammen mit seinem Freund Heinrich Graf verfaßten Abhandlung über Geradensysteme, welche Dreiecksnetze bilden, also aus dem von ihm stets so bevorzugten Gebiet der Geometrie. Seit jener Zeit sind viele weitere Arbeiten von Robert Sauer in den Sitzungsberichten der Akademie veröffentlicht worden.

1960 wurde er zum Sekretär der mathematisch-naturwissenschaftlichen Klasse gewählt; ein Amt, das zwar wenig Gelegenheit bietet, sich öffentlich zu profilieren, das aber angesichts der Vielfalt von Fachrichtungen und Persönlichkeiten in einer Akademieklasse wohl eine besondere Gabe der Koordination und des Ausgleichs erfordert. Beides war ihm gegeben, und sicher ist es nicht zuletzt die Bewährung in diesem Amt gewesen, die Robert Sauer zu einem idealen Nachfolger für den Mediävisten Friedrich Baethgen als Präsidenten unserer Akademie gemacht hat.

Unter Sauers Vorgänger hat die Akademie nicht nur ihre jetzigen schönen Räume beziehen können, sondern auch zugleich mit ihrer neuen Satzung die Anerkennung als Körperschaft des öffentlichen Rechts durch den Freistaat Bayern erlangt und damit ihre Arbeit auf eine neue feste Grundlage stellen dürfen. Dieses Erbe hat Robert Sauer 1965 übernommen; das bedeutet aber keinesfalls, daß es bloß galt, eine eingefahrene Organisation im Geleise zu halten. Die Notwendigkeiten einer stetig voranschreitenden wissenschaftlichen Forschung können auch eine sonst eher auf Kontinuität als auf raschen innovativen Wandel angelegte Organisation wie eine Akademie nicht unberührt lassen. Trotzdem gibt es Grenzen für die Wirksamkeit eines Akademiepräsidenten. Er kann, bedingt durch Struktur und Satzung, nicht wie manch ein Behördenchef schalten und walten; zum anderen sind neue Aktivitäten, wie sie die Forschung mit sich bringt, immer abhängig von der verständnisvollen Bereitschaft der öffentlichen Hand, die erforderlichen Mittel bereitzustellen. Zwischen diesen Grenzen hat Robert Sauer als unser Präsident zu handeln gewußt, und zwar mit einem Erfolg, für den die Akademie ihm immer dankbar zu sein hat.

Daß wir jetzt in Gestalt des Leibniz-Rechenzentrums eine zentrale Einrichtung der elektronischen Datenverarbeitung für die Hochschulen der Münchner Region haben, ist zu einem sehr großen Teile ihm zu verdanken gewesen. Hierzu werden Sie von berufener Seite heute noch Gelegenheit haben, Genaueres zu erfahren.

Dabei wäre es aber irrig zu vermuten, daß Robert Sauer als Präsident nun etwa sein eigenes Fachgebiet vorgezogen hätte. Alle, die seine Amtszeit als Mitglied erlebt haben, werden bestätigen können, daß Robert Sauer sich in vorbildlicher Weise immer dem größeren Ganzen verpflichtet gefühlt hat. Das bezeugen seine Rechenschaftsberichte auf unseren öffentlichen Jahressitzungen, aber auch die sehr vielen Gelegenheiten, bei denen er sich gegenüber dem Staat, dem Stifterverband und allgemein in der Öffentlichkeit für die Arbeit der Akademie – und der Akademien – eingesetzt hat. Daß sein einfühlendes und wohlwollendes Verständnis auch die Geisteswissenschaften aller Richtungen einschloß, mag vielleicht auch dadurch mit bedingt gewesen sein, daß er eine humanistische Bildung sein eigen nennen konnte und musische Neigungen hatte.

Auf Robert Sauer traf sicher das Goethe-Wort „Schwerer Dienste tägliche Bewährung“ zu – er wußte darüber hinaus das Dienen mit Menschlichkeit zu verbinden. In den Gedenkworten für ihn hat Wolfgang Kunkel als Vizepräsident gesagt, daß er die Akademie geleitet habe mit Umsicht, Weisheit und Güte. Nichts könnte ihn besser kennzeichnen. Damit ist er für alle seine Nachfolger ein Vorbild geworden, das die Bayerische Akademie der Wissenschaften und ihre Mitglieder in dankbarem Gedächtnis behalten werden.

Wild:

Vor etlichen Jahren, zu der Zeit, als Robert Sauer Rektor der Technischen Hochschule München war, konnte man an ihrem Eingangsgebäude in weithin sichtbaren großen goldenen Lettern einige Namen lesen: ich erinnere mich an Carl von Linde, August Foeppl, Hans Fischer und noch ein paar mehr. Es waren die Namen von großen Hochschullehrern, die lange an der Technischen Hochschule München gewirkt und Entscheidendes zu deren Ansehen beigetragen hatten. Diese goldenen Lettern sind lange verschwunden, sie mußten einem Erweiterungsbau für die Verwaltung weichen. Der Symbolwert dieses Vorgangs scheint mir bemerkenswert: Die wachsenden Belastungen durch Tagesaufgaben verdrängen an unseren Universitäten nur zu oft das Andenken an die großen Hochschullehrer der Vergangenheit.

Aber glücklicherweise nicht immer: Dieses Gedächtniskolloquium für Robert Sauer, zu dem ich Sie namens der Technischen Universität München sehr herzlich begrüße, zeigt, daß wahrhaft große Persönlichkeiten auch angesichts der dringenden Probleme der Gegenwart unvergessen bleiben. Robert Sauer war als Lehrer, Forscher und Mensch eine dieser wahrhaft großen Persönlichkeiten; sein Name hätte die glanzvolle Reihe, die man früher an unserem Eingangsgebäude finden konnte, würdig fortgesetzt. Denn wie wenige andere war Robert Sauer der Technischen Universität München durch ein ganzes Leben verbunden, wie kaum ein anderer hat er sie durch sein Werk gefördert und sich um ihr Ansehen verdient gemacht.

Der gebürtige Franke – in Pommersfelden geboren, in Bamberg aufgewachsen – ging zum Studium nicht an die Heimatuniversitäten Würzburg oder Erlangen, sondern er fand sogleich den Weg in die Stadt, die ihm zur zweiten Heimat werden sollte, nach München. Hier studierte er von 1919 bis 1923 Mathematik und Physik; 1925 promovierte er an der Technischen Hochschule München, und die Habilitation an dieser unserer Hochschule erfolgte schon ein Jahr danach. Gutem altem Brauch entsprechend führte der weitere akademische Lebensweg Robert Sauer aber dann weg von der Universität, an der er aufgewachsen war. Er ging nach Aachen, wo er 1932 außerplanmäßiger Professor und 1937 ordentlicher Professor wurde. Im Jahre 1948 jedoch kehrte Robert Sauer an die Technische Hochschule München zurück und blieb ihr bis zu seinem Tode verbunden. Er war in den Jahren von 1954 bis 1956 ihr Rektor; von 1956 bis 1958 und nochmals 1961/62 hatte er das Amt des Prorektors inne.

Auf das bedeutsame Wirken von Robert Sauer als Mitglied und vor allem als langjähriger Präsident der Bayerischen Akademie der Wissenschaften ist Herr Präsident Franke eingegangen, auf das als Mitglied und Vizepräsident des Bayerischen Senats werden andere eingehen. Auch das Lebenswerk des Wissenschaftlers Robert Sauer, dem neben anderen Auszeichnungen die Ehrendoktorwürde der Technischen Hochschulen Dresden, Mailand und Wien verliehen wurde, wird von kompetenterer Seite gewürdigt werden.

Gestatten Sie mir, der ich als Student und als junger Kollege das Glück hatte, Robert Sauer zu begegnen, noch einige mehr persönliche Bemerkungen. Ich selbst bin theoretischer Physiker und habe von 1948 bis 1952 an der Universität München studiert, wo in der Mathematik damals vor allem Oskar Perron mein hochverehrter Lehrer war. Sehr oft aber zog es mich und meine Kommilitonen hinüber an die Technische Hochschule zu den Vorlesungen von Robert Sauer; denn hier bekamen wir theoretischen Physiker die Mathematik in einer Form geboten, die unseren Bedürfnissen in idealer Weise entsprach. Diese Vorlesungen verbanden Verständlichkeit mit hohem Niveau, Aufgeschlossenheit für Anwendungen mit Strenge der Beweisführung, den Verzicht auf modernistisches Vokabular mit wahrer Modernität im sachlichen Gehalt. Besonders erinnere ich mich an eine Vorlesung über die Theorie der Distributionen, in der es Robert Sauer gelang, die unmittelbar ein oder zwei Jahre vorher von Laurent Schwartz entwickelte Methode in eine dem Studenten zugängliche, ja ihn begeisternde Form zu bringen. Und so wie die Vorlesungen empfanden wir auch Sauers Bücher: hier gab es nicht jene fragwürdige Eleganz, bei der die Kürze der Formulierung umgekehrt proportional zur Länge des Perzeptionsprozesses beim Leser ist, sondern ein Optimum an Sachgerechtigkeit.

Noch mehr als der große Lehrer aber steht vor meinen Augen der Mensch Robert Sauer, mit dem ich in den 60er Jahren als Kollege in nähere Berührung kommen durfte. Er war der gute Geist der Fakultät; denn mit seiner noblen und bedächtigen Art verstand er es, Meinungsverschiedenheiten schon im Keime auszugleichen, sei es durch vorzügliche Kompromißvorschläge, sei es auch nur durch das Gewicht seines Vorbildes: vor ihm schämte man sich einfach zu streiten. Und so wird mir Robert Sauer immer im Gedächtnis bleiben: vornehm, liebenswürdig, bestimmt im Wesentlichen, aber kompromißbereit in den Details, mit einer unnachahmlichen Ausstrahlungskraft, die ihre Wurzel hatte in seiner Güte und seiner stillen Herzlichkeit.

Bauer:

Lassen Sie mich ein paar Worte zum weiteren Ablauf dieser Vormittagssitzung sagen. Noch während der Vorbereitung dieses Kolloquiums ist ein Mitglied des Organisationsausschusses, unser lieber Kollege und mein alter Freund Klaus Samelson gestorben. Wir hatten außerdem die Tagungsleitung für die Nachmittagssitzung in die Hände unseres Emeritus Georg Aumann gelegt, nicht wissend, daß Herr Aumann sehr krank war; auch er ist inzwischen verstorben. Für den Nachmittag hat Herr Seegmüller freundlicherweise die Leitung des Kolloquiums übernommen.

Leider hat auch Herr Lense kurzfristig absagen müssen, und das ist insofern besonders traurig, als Herr Lense uns aus der allerältesten Zeit hätte berichten können. Herr Lense steht im neunzigsten Lebensjahr; er ist durch eine vorübergehende Erkrankung verhindert. Herr Lense wird uns aber mit einem schriftlichen Beitrag helfen, diesen Teil des Bildes, das jetzt etwas unvollständig bleiben muß, zu ergänzen. Vielleicht ist dies der letzte Anstoß zur Verwirklichung eines Vorhabens, das wir ohnehin schon so ein bißchen ins Auge gefaßt hatten, nämlich die Vorträge dieses Vormittags in einer geeigneten Form den Anwesenden schließlich schriftlich zur Verfügung zu stellen.

Zunächst aber wird Herr Ministerialdirigent i. R. Dr. von Elmenau zu uns sprechen. Der Freistaat Bayern darf sich glücklich schätzen, daß seine Universitäten in einer entscheidenden Zeit von dieser Persönlichkeit regiert wurden. Es ist von besonderem Interesse, auch aus der Sicht des Ministeriums über Sauers Wirken einiges zu hören.

von Elmenau:

Die Rückschau auf einen Menschen und sein Werk aus dem Abstand eines Jahrzehnts läßt die Linien seines Lebens klarer und prägnanter hervortreten als eine Betrachtung aus kürzerer Frist.

Robert Sauer wurde 1898 geboren als Sohn eines Lehrers; er entstammt also einer Art des Elternhauses, aus der so viele Begabungen in Deutschland hervorgegangen sind. Er ist aufgewachsen in der halkyonischen Zeit vor dem ersten Weltkrieg, bei dessen Ausbruch er 16 Jahre alt war. In den letzten zwei Kriegsjahren diente er noch in einem königlich-bayerischen Feldartillerie-Regiment, das dann im November 1918 ein republikanisch-bayerisches wurde; er hat dieses Regiment im Jahre 1919 als Vizewachtmeister verlassen. Ein wenig mag seine positive, man kann vielleicht sagen, respektvolle Einstellung zum Staat in jener Zeit geprägt worden sein, als noch festgefügte Werte und Ordnungen galten, auch an den Hochschulen.

Die hohe Begabung des späteren dreifachen Ehrendoktors zeigte sich schon in seiner Studentenzeit. Ich brauche nicht näher auf die von Werner Heisenberg überlieferte und auch in den TU-Mitteilungen in der letzten Zeit veröffentlichte Geschichte einzugehen, daß schwierige mathematische Seminar-Aufgaben ganze Semester lang immer nur von zwei Studenten gelöst werden konnten, nämlich von Heisenberg oder von Sauer, aber nie von anderen. Es nimmt nicht wunder, daß Sauer die Lehramtsprüfung 1923 mit Note 1, die Promotion 1925 mit Auszeichnung ablegte. Dennoch verschmähte er nicht – auch ein Ausdruck jener schlichten Bescheidenheit, die heute schon an ihm gerühmt worden ist –

die Wissenschaftlern oft als Kärrnerarbeit anmutende Tätigkeit im höheren Schuldienst und hat ein halbes Jahr lang als Studienassessor für Mathematik an der Lateinschule Amorbach im Odenwald unterrichtet, ehe eine Assistentenstelle an der Technischen Hochschule München für ihn frei wurde.

Der Beitrag von Herrn von Elmenau wird auf S. 25 wieder aufgenommen.

Bauer:

Sauers Bescheidenheit wurde schon einige Male angesprochen, und es ist auch ein Zeichen von Sauers Bescheidenheit, daß die Geschichte über Heisenberg und Sauer, auf die Herr von Elmenau anspielte, niemals von Sauer selbst berichtet worden ist. Er wäre unerhört verlegen gewesen, wenn man das in seiner Gegenwart erzählt hätte.

Ich habe jetzt den nächsten Beitrag anzukündigen. Lassen Sie mich versuchen, das Klima zu schildern, in dem Sauer an dieser Hochschule studierte und in dem er zur wissenschaftlichen Persönlichkeit heranreifte. Es war für Sauer geprägt von zwei großen Wissenschaftlern: Walter von Dyck und Sebastian Finsterwalder.

Walter von Dyck (1856–1934) wurde 1933 emeritiert; Sauer erlebte ihn also noch im Amt. Von Dyck war Rektor von 1900 bis 1906 und nochmals in den allerschwersten Jahren von 1919 bis 1925. Wie er als Mathematikprofessor über die Hochschule hinauswirkte, war beispielhaft. Er hat frühzeitig intensive Kontakte zur Industrie hergestellt, und er hat immer für enge Verbindungen zwischen der Mathematik und den Ingenieurfakultäten gesorgt. Er war auch einer der Mitbegründer des Deutschen Museums.

Auch Sebastian Finsterwalder, den wir noch etwas lebhafter in Erinnerung haben, pflegte die Verbindung von Theorie und Praxis in der Mathematik und beeinflußte maßgeblich Sauers Einstellung.

Von Dyck und Finsterwalder, stellvertretend auch für andere seiner akademischen Lehrer, kennzeichnen ein wenig die Situation, in der Sauer von 1919 bis 1923 an der Technischen Hochschule München studierte, schließlich 1925 bei Finsterwalder promovierte und sich schon ein Jahr später habilitierte.

Zu diesem Lebensabschnitt Sauers in den zwanziger Jahren hat Herr Lense in einem schriftlichen Beitrag einige Einzelheiten mitgeteilt.

Lense:

Als ich 1927 als außerordentlicher Professor für Angewandte Mathematik (Trigonometrie, Ausgleichsrechnung, Kartenprojektion für Vermessungsingenieure, Einführung in die Höhere Mathematik für Architekten) an die Technische Hochschule München berufen wurde, war Sauer Assistent bei Finsterwalder. Er erhielt 1927 einen Lehrauftrag für Darstellende Geometrie für Architekten und Zeichenlehrer und übernahm darüber hinaus Vorlesungen über Integralgleichungen und Spezielle Funktionen.

1930 heiratete Sauer. Als er meiner Frau und mir seine junge Frau vorstellte, ergab sich, daß wir im Musikalischen viele Berührungspunkte hatten. Wir spielten bald vierhändig klassische Symphonien – Haydn, Mozart, Beethoven etc., auch Bruckner und Mahler; Sauer begleitete mich auch am Klavier zu Liedern von Beethoven, Schubert, Schumann, Brahms, Hugo Wolf und Richard Strauß, sodann zu vielen Opernarien. Diese schöne Zeit, in der wir regelmäßig jede zweite Woche zusammenkamen, dauerte bis 1932, als Sauer an die Technische Hochschule Aachen als ordentlicher Professor für Angewandte Mathematik und Darstellende Geometrie berufen wurde.

1946, als die Technische Hochschule München wieder eröffnet wurde, waren nur zwei ordentliche Professoren für Mathematik vorhanden: Löbell und Lense. Kamke aus Tübingen wird berufen, lehnt aber ab. Dann geht der Ruf an Sauer, der annimmt und 1948 seine Vorlesungen beginnt. Der neue Zyklus Höhere Mathematik I bis IV wurde abwechselnd von Sauer und mir gelesen, bei abgestimmtem Stoffumfang und wechselseitig gestellten Aufgaben für die Diplom-Vorprüfung.

Bauer:

Es ist nun Sauers Zeit in Aachen zu würdigen. Herr Kollege Heinz hat uns freundlicherweise sein Manuskript zur Verfügung gestellt; er ist leider durch eine unaufschiebbare Reise verhindert, es persönlich vorzutragen. Herr Jordan, mein Vorgänger als Assistent bei Sauer und einer, der Sauer nach dem Krieg sehr gut kennenlernte, hat es übernommen, auf der Grundlage der Aufzeichnungen von Herrn Heinz diesen Teil des Aachener Lebenswegs von Robert Sauer zu schildern. Er wird einige eigene Bemerkungen anfügen über die Zeit nach Sauers Rückkehr nach München, in der er mit ihm zusammen war.

Jordan:

Als ich gebeten wurde, für den heute leider verhinderten Herrn Heinz dessen Beitrag zu verlesen, stand ich vor dem Problem, ob ich ihn einfach in der Ich-Form verlese, oder ob ich ihn mehr in berichtender Form darbringe, insbesondere mit Rücksicht auf meine eigene Erinnerung an Robert Sauer. So konnte ich der Versuchung natürlich nicht widerstehen, das eine oder andere Persönliche mit einzuflechten. Ich habe die Aufgabe, dieses vorzutragen, gerne übernommen, weil ich Robert Sauer sehr eng persönlich verbunden war und ihm einen wesentlichen Teil meiner beruflichen Laufbahn verdanke.

Herr Heinz beginnt mit der Feststellung:

Als ich vor einiger Zeit vom Kollegen Bauer gefragt wurde, ob ich anläßlich dieses Kolloquiums zum 10. Jahrestag des Todes von Robert Sauer vor diesem Kreis einen Beitrag zur Schilderung der Persönlichkeit von Robert Sauer – vor allem im Hinblick auf seine Aachener Jahre – geben könne, sagte ich aus vollem Herzen zu und hoffte, auf diese Weise einen kleinen Teil meiner Dankesschuld an Robert Sauer abtragen zu können. Ich bemerkte allerdings sehr bald die Schwierigkeiten, die mit einem solchen Unterfangen verbunden sind.

Sauer war, soweit wir ihn kannten, ein Mann, der um seine Person nie viel Aufhebens gemacht wissen wollte, der lieber in der Zurückgezogenheit wirkte. Was für ihn bei der Beurteilung anderer zählte, war zunächst einmal deren Leistung. Und so hielt er es auch für seine Person. Daher wird in diesem Beitrag versucht, Sauer anekdotenhaft so zu schildern, wie er sich in diesen Jahren als Persönlichkeit darstellte.

Ich kannte Robert Sauer seit 1936, dem Beginn meines Studiums an der damaligen Technischen Hochschule Aachen. Sauer war dort Ordinarius für Darstellende Geometrie; damals hieß es ‚Praktische Mathematik‘. Was wir Studenten zunächst an ihm bewunderten, war die Virtuosität, mit der er Kreise, Ellipsen und ähnliche komplizierte geometrische Figuren an die Tafel zauberte, und dies ohne die heute üblichen technischen Hilfsmittel. Wenn es jemand von Ihnen heute versuchen sollte, würde er wahrscheinlich im Auditorium eine gewisse Heiterkeit erzeugen. Das zweite, was Studenten bald bemerkten, war die Klarheit und Ordnung seines Vortrages. Er verstand es, auch komplizierte Gedankengänge auf einfache Strukturen zurückzuführen.

Damals war der Kontakt zwischen einem Professor und einem Studenten viel enger als an den heutigen Massenuniversitäten. Auf diese Weise lernte ich zunächst den damaligen Ordinarius für Reine Mathematik, Franz Kraus, kennen, der wiederum eng mit Sauer befreundet war. Kurz nach der 1940 abgelegten Diplomprüfung traf ich Sauer in Aachen auf der Straße und wurde gefragt, ob ich Lust habe, bei ihm auf dem Gebiet der theoretischen Gasdynamik zu arbeiten. Da ich mich vorher schon mit Kraus wegen eines Themas für eine Dissertation besprochen hatte, kam es zu der nicht gerade alltäglichen Situation, daß ich bei Sauer angestellt war und gleichzeitig bei Kraus promovierte. Dies war nur möglich wegen des guten persönlichen Verhältnisses zwischen den beiden.

Sauer fing damals an, sich intensiv mit theoretischer Gasdynamik zu beschäftigen, und so lernte ich auch vieles auf diesem ziemlich neuen Gebiet. Es gab nur wenige Assistenten und wissenschaftliche Mitarbeiter. Sauer verstand es, den damaligen kleinen Kreis, der sich im Laufe der Zeit vergrößerte, geschickt und unmerklich zu führen. Seine Devise lautete: Leben und leben lassen. Er gab kaum jemals Direktiven, sondern wußte, Interesse an der Arbeit zu wecken und mit sanfter Hand zu lenken.

Sauer hatte zunächst einmal im Rahmen des Mathematisch-physikalischen einen ganz ausgeprägten Sinn für das Praktische, Realisierbare. Er verstieg sich nie in Probleme, die mit den gegebenen Mitarbeitern nicht lösbar waren. Dabei bewahrte er immer seine direkte und geradlinige Art zu denken. Ich erinnere mich an manche Frage, die wir an ihn stellten, und daß wir sicher sein konnten, von ihm nach einigen Tagen eine stets verblüffend einfache und elegante Antwort zu erhalten. Umgekehrt fragte er den jungen Anfänger manchmal: „Wie würden Sie das machen?“ Und wenn dem etwas halbwegs Vernünftiges einfiel, freute er sich sichtbar und sparte auch nie mit Lob.

Manchmal hielt er im allerkleinsten Kreise Privatissima über irgendein Thema, das ihn gerade beschäftigte. Diese kleinen Vorträge sind uns unvergessen geblieben; wir haben aus ihnen sehr viele Anregungen erhalten, die noch in sehr viel späterer Zeit nachwirkten.

Ein beherrschender Zug an Sauers Wesen war es, strenge Rationalität des Denkens mit Großzügigkeit und Wärme zu vereinen. Beide Eigenschaften zugleich habe ich nie mehr in diesem Maße in einer Person vereint gefunden. Natürlich gab es manchmal auch Mißhelligkeiten, wie das so im Umgang mit jungen Leuten nicht ausbleibt. Sauer verstand es aber immer, auch wenn ihm einmal Ungelegenheiten bereitet wurden, mit virtuoser Geschicklichkeit darüber hinwegzugehen und dem jeweiligen Betreffenden klarzumachen, daß er nicht recht gehandelt habe, ohne ihm nun seinerseits zu nahe zu treten. Derartiges nahm er nie so übel, und war dann immer zu Kompromissen, auch auf seine Kosten, bereit. Nur eines verabscheute er ohne Kompromiß: das war die Dummheit.

Wenn er von jemandem sagte, er sei töricht, so war dies ein vernichtendes und nur sehr schwer zu korrigierendes Urteil. Wie wir beobachten konnten, gewann in anderen Situationen nach einiger Zeit sein manchmal bissiger und immer ironischer Humor wieder die Oberhand.

Im Laufe der zunehmenden Luftangriffe auf Aachen wurde 1943 das Sauersche Institut zusammen mit dem damals unter Leitung von Herrn Kollegen Fucks stehenden Physikalischen Institut der Technischen Hochschule Aachen nach Ummendorf bei Biberach an der Riß verlegt. Alle lebten dort auf engem Raum zusammen, und es blieb nicht aus, daß der Kontakt untereinander noch persönlicher wurde. Welchen Dienst er seinen Mitarbeitern durch die Verlagerung in das Schwäbische Oberland, in dem noch vergleichsweise normale Zustände herrschten, erwies, sollte sich erst im Laufe der Zeit herausstellen. Der Umgang mit den oft eigenwilligen schwäbischen Bauern war zunächst nicht immer ganz einfach, doch hier bewies Sauer wieder sein Einfühlungsvermögen und nach kurzer Zeit waren alle sehr gut in die Dorfgemeinschaft integriert. Dies wirkte sich vor allem in den Tagen nach Kriegsende sehr vorteilhaft aus. In Ummendorf erschien damals ein junger wissenschaftlicher Mitarbeiter aus Peenemünde und machte Herrn Sauer auf eine Unkorrektheit in seinem Buch über theoretische Gasdynamik aufmerksam. Es wurde dort ein Integral mit einer Singularität im Integranden nach einer Variablen im Integranden und in der oberen Grenze des Integrals differenziert. Ich zerbrach mir damals gemeinsam mit Sauer den Kopf über diesen Gegenstand, und Sauer fand dann auch in Anknüpfung an Hadamard eine Lösung, die später in die Distributionstheorie hineinführte, die Sauer bekanntlich noch lange Zeit beschäftigt hat. Hier wird wohl auch der Ursprung für sein Buch über Anfangswertprobleme bei partiellen Differentialgleichungen zu suchen sein.

Bei aller gebotenen Vorsicht führten wir damals auch manchmal politische Gespräche. Sauers Abscheu gegen jede Dummheit hatte ihn von jeher daran gehindert, zu den damaligen politischen Machthabern Kontakt zu suchen; vielmehr bewahrte er sich als Hochschullehrer dank seines diplomatischen Geschicks ein für die damalige Zeit erstaunliches Maß an Freiheit, die seinen Mitarbeitern gleichfalls zugute kam. Er verstand es auch, das Institut über die Nachkriegswirren hinweg noch weitgehend zusammenzuhalten.

Nach dem Kriege fanden wir uns in Weil am Rhein bzw. in St. Louis im Elsaß wieder, im heutigen deutsch-französischen Forschungsinstitut ISL, das damals unter der wissenschaftlichen Leitung von Schardin begründet wurde. Sauer hat mit Schardin wesentlich zu dem weltweiten Ruf, den dieses Institut heute genießt, beigetragen. Die engen Kontakte, die ich in St. Louis mit Sauer hatte, wirkten auch noch in die Zeit hinein, da Sauer schon nach München berufen worden war.

Jordan:
Hier beginnen meine Erinnerungen an Sauer, als Hilfsassistent, dann als Assistent an seinem Lehrstuhl von 1948 bis 1953 und später in persönlicher Freundschaft bis zu seinem Tode. Durch die Nachkriegsumstände war ich als Student, Diplomand und Doktorand der theoretischen Physik an den Mathematischen Lehrstuhl geraten. Sauer hat dies stets mit Geduld ertragen, auch daß ich neben meiner Assistententätigkeit noch einige andere Aufgaben übernahm.

In Sauers großen Grundvorlesungen und in den kleinen Spezialvorlesungen habe ich mehr Mathematik gelernt, als dies einem Physiker normalerweise vergönnt ist, und ich glaube, daß ich noch heute davon profitiere. Von Sauers Liebe zur Gasdynamik habe ich durch Vorlesungen und Korrekturlesen an seinen Büchern ebenfalls mehr mitbekommen, als dies meiner eigenen Neigung damals entsprach. Gewissermaßen Ironie des Schicksals ist es, daß ich heute in direkter Linie einige Institute der Aero- und Gasdynamik zu betreuen habe. Sicher würde Sauer dies heute mit freundlichem, um nicht zu sagen mit süffisantem Lächeln quittieren.

Für mich schließt sich damit der Kreis. Ich habe gerne die Gelegenheit wahrgenommen, die Ausführungen von Herrn Heinz hier vorzutragen und ein paar eigene Ergänzungen beizufügen.

Herr Heinz beendet seinen Beitrag wie folgt:
Den größten Verlust, den Sauer erleben mußte, war der so frühe Tod seiner Frau. Er hat ihn nie mehr ganz überwunden, und er sprach auch nicht davon. Er, der das allzu grelle Licht der Öffentlichkeit nie liebte, war in seinem privaten Bereich so zurückgezogen, daß er kaum jemals über sich selbst und seine persönlichen Angelegenheiten sprach. So bleibt abschließend das Bild eines Mannes, der sich bei allem Können und Wissen niemals vordrängte, der ohne viel Aufhebens genau das tat, was zu tun war, der mit Humor die Welt beobachtete und auch genoß. Mögen wir ihn so in Erinnerung behalten.

Bauer:

Lieber Herr Jordan, ich danke Ihnen vielmals, daß Sie eingesprungen sind und die nicht leichte Aufgabe übernommen haben, den Beitrag von Herrn Heinz für uns lebendig zu machen.

Sauer kam also nach dem Kriege zurück nach München. Aus dieser Zeit weiß über Robert Sauer wohl am besten die Frau Kanzlerin der damaligen Technischen Hochschule und späteren Technischen Universität München zu berichten.

Molitoris:

Als mir Herr Bauer vor einiger Zeit von dem Plan erzählte, aus Anlaß des 10. Todestages von Robert Sauer ein Gedächtniskolloquium zu veranstalten, freute ich mich darüber, weil damit Leben und Wirken dieser großen Persönlichkeit wieder in die Erinnerung zurückgerufen werden sollte. Ich erschrak jedoch, als er mich bat, selbst einen kleinen Beitrag zu dieser Veranstaltung zu leisten. Auf sein gutes Zureden hin und schließlich aus der Verpflichtung des Gedenkens sagte ich – dann allerdings gerne – zu in der Annahme, daß Sie, meine Damen und Herren, von mir nichts anderes erwarten als ein Bild aus meiner eigenen Perspektive als ehemalige Leiterin der Hochschulverwaltung.

Erstmals bin ich Robert Sauer im Jahre 1948 begegnet, als Herr Professor Lense den gerade Neuberufenen in mein Büro führte und ihn mir voller Stolz über die gelungene Berufung, wie mir schien, vorstellte. Sauer kam, wie Sie schon gehört haben, vom deutsch-französischen Forschungsinstitut St. Louis im Elsaß. Mir ist die Situation ganz lebendig im Gedächtnis. Die Hochschule war damals ein einziges Provisorium, der Wiederaufbau in den allerersten Anfängen. Mein Büro im Parterre der Gabelsberger Straße war zwar ohne größere Kriegsschäden, dafür teilte ich es mit meiner Sekretärin und mit meinem Fahrrad.

Sechs Jahre danach wurde Sauer, wahrscheinlich auch für ihn überraschend, zum Rektor der Technischen Hochschule München gewählt. Damit trat er in schwieriger Zeit an die Spitze der Hochschule, an der er studiert, promoviert und sich habilitiert hatte. Die Übernahme des Rektorates bedeutete gewiß die Weichenstellung in seinem Leben, die ihn später in den Bereich der Wissenschaftspolitik und des öffentlichen Lebens führte. Beides entsprach wohl kaum seiner ursprünglichen Begabung und seinen persönlichen Neigungen, aber er sah darin eine Verpflichtung, der er sich nicht entziehen wollte und die er dann mit der ihm eigenen Souveränität meisterte.

Unmittelbar aus der rein wissenschaftlichen Tätigkeit war Sauer im Wintersemester 1954/55 in das Rektoramt gekommen. Schon im Januar 1955 mußte er auf die kollegiale Verbindung mit seinem Vorgänger, dem Prorektor August Rucker, verzichten, da dieser überraschend zum Bayerischen Kultusminister ernannt wurde. Das war wohl mit ein Grund, daß Sauer vom Anfang seines Rektorates an besonders eng mit der Hochschulverwaltung zusammenarbeitete. Daß ihm die Verwaltung ihrerseits auf allen Ebenen gerne und bereitwillig zur Verfügung stand, war selbstverständlich.

Ich bin überzeugt, daß die Mitarbeiter, die unter seinem Rektorat in der Verwaltung tätig waren, sich ohne Ausnahme gerne an diese Zeit erinnern. Er anerkannte ihre Arbeit und schätzte deren Bedeutung für den laufenden Betrieb und den notwendigen Wiederaufbau der Hochschule. Erlauben Sie mir bitte, daß ich zwei von ihnen mit Namen nenne, stellvertretend für alle, die damals besonders viel für die Verwaltung getan haben und die Sauer außerordentlich schätzte: die Herren Oberregierungsrat Eicher und Oberamtsrat Hofmann.

Sauer begann bald, die unter dem seinerzeitigen Rektor Piloty eingerichteten Senatskommissionen auszubauen und sie zu einem wichtigen Instrument der akademischen Selbstverwaltung zu machen. Sie sollten die Entscheidungen des höchsten akademischen Gremiums, des Senats, vorbereiten und tragen. Dabei kam der inzwischen ins Leben gerufenen Satzungskommission große Bedeutung zu, weil die Hochschule erstmals eine Verfassung zu kodifizieren beabsichtigte. Gerade diese Satzungskommission zeigte immer wieder die Spannweite der Meinungen und schuf vielerlei Probleme. Sauer konnte sie mit Überzeugungskraft, aber auch durch sein ausgleichendes, die Gegensätze überbrückendes Wesen und sein Verständnis für die Meinung der anderen immer wieder lösen. So wurde er der Wegbereiter der Satzung der Technischen Hochschule.

Gerade die Arbeit in den Kommissionen zeigte, wie notwendig das Zusammenarbeiten der einzelnen Fakultäten und überhaupt das Bekanntwerden ihrer Mitglieder untereinander war. Die Professorenausflüge, die er einführte, waren nur eine der von ihm angebotenen Möglichkeiten hierzu. Sie erfreuten sich bald allgemeiner Beliebtheit und waren – so ganz nebenbei – auch Gelegenheit für manche interfakultativen Gespräche, bis hin zu unverbindlichen Vorbesprechungen für künftige Rektorwahlen. Das Anwachsen des Lehrkörpers machte später ihre weitere Durchführung unmöglich.

Für den Rektor Sauer war es eine Selbstverständlichkeit, daß er seinen Lehrstuhl und seine sonstige wissenschaftliche Arbeit trotz der Fülle der neuen Aufgaben in keiner Weise zurückstellte. Viele prominente Besuche aus dem In- und Ausland galten in gleicher Weise dem Rektor und dem Mathematiker Sauer. Ich erinnere mich an den Besuch einer amerikanischen Delegation, deren Leiter ihn mit den Worten begrüßte: "Your book (er meinte damit die „Gasdynamik“) is our bible." Die Technische Hochschule konnte stolz sein, an ihrer Spitze einen Gelehrten von so hohem internationalen Rang zu haben, gerade in einer Zeit, in der es galt, das Ansehen Deutschlands in der Welt wiederherzustellen.

Es war fast selbstverständlich, daß nach Ablauf des Rektoratsjahres seine Wiederwahl ihm ein zweites Jahr abforderte. Das fiel ihm damals gar nicht leicht, da große persönliche Belastungen ihn bedrückten. Seine Frau war schwer erkrankt. Schon während der Akademischen Jahresfeier lag sie in der Klinik. Aber niemand, der nicht davon wußte, merkte dem Rektor auch nur im geringsten seine Sorgen an. Wenige Wochen darauf verstarb Frau Sauer.

Gerade in jenen Tagen standen ihm gute Freunde zur Seite, die versuchten, ihm über diese harte Zeit hinwegzuhelfen. Dafür möchte ich nur ein Beispiel anführen. An der Spitze der Ludwig-Maximilians-Universität stand damals ein Mann, der ihm in vieler Hinsicht wesensgleich war und mit dem ihn dann bis zu seinem Ende eine echte, tiefe Freundschaft verband: Melchior Westhues. Beiden gleich zu eigen war die hohe Auffassung ihres Amtes, aber auch die Freude an den schönen Künsten, besonders an der Musik, an der Schönheit der Natur, an einem guten Glas Wein und auch an einer wohlschmeckenden Brotzeit. Beiden in gleicher Weise zu eigen war ein stiller und doch überlegener Humor, der ihnen immer wieder half, die anstehenden Probleme zu meistern.

Ein ausgeprägter Sinn für Gerechtigkeit und menschliche Güte zeichnete Sauer aus. Er zwang niemandem seinen Willen auf, aber er überzeugte durch die Klarheit und Kraft seiner Argumente. Das kam auch seinem Verhältnis zum Kultusministerium zugute, das stets ausgewogen und vertrauensvoll war, obschon er die Belange der Technischen Hochschule mit Entschiedenheit und Beharrlichkeit zu vertreten wußte.

Der letzte Sinn seines Wirkens als Rektor galt natürlich den Studenten. Sie konnten sich schon damals mit ihren Nöten und Sorgen an ihn wenden, und er half, wo es eben ging, genau so wie er nach außen stets für ihre berechtigten Belange eintrat. Er nahm, wann immer es sein Terminkalender zuließ, an Veranstaltungen teil, zu denen sie ihn, den sie als

Lehrer verehrten und an der Hochschulspitze schätzten, einluden. Ich erinnere mich beispielsweise an Veranstaltungen der „Akaflieg“ und an den alljährlichen Studentenskiwettbewerb in Oberammergau. Dabei stellte ihm einmal die Eigentümerin des Hauses, in dem die Abschlußfeier stattfand, voll Stolz ihren Sohn Max vor, auf den sie schon damals große Hoffnungen setzte. Er ist heute Bayerns Finanzminister.

Die Abgabe des Rektorates bedeutete für ihn keineswegs die „Rückkehr ins professorale Nichts“, wie es einer seiner Rektorkollegen einmal scherzhaft von sich selbst gesagt hatte. Im Gegenteil: das Feld, das er beackerte, wurde weiter und großräumiger. 1962 wurde er als einer der Vertreter der Hochschulen des Landes in den Bayerischen Senat gewählt. Die Bereitschaft für die Mitwirkung in diesem Gremium hat sicherlich sein Freund Westhues geweckt, der selber lange Jahre mit Freude dieses Amt wahrnahm.

Als Krönung seiner akademischen Laufbahn hat Sauer selbst seine Wahl zum Präsidenten der Bayerischen Akademie der Wissenschaften im Dezember 1964 angesehen. Als Akademiepräsident hat er im Jahre 1968 den Festvortrag bei der Hundertjahrfeier der Technischen Hochschule mit dem Thema „Anteil der Mathematik am heutigen Denken“ gehalten, der in seiner Tiefe und Klarheit der Festversammlung einer Technischen Hochschule nicht nur den Glanz, sondern auch den in die Zukunft weisenden Akzent gab.

In die Zeit seiner Akademiepräsidentschaft fällt auch die Errichtung des Leibniz-Rechenzentrums. Es war damals gar nicht so leicht, die Idee dieses gemeinsamen Rechenzentrums unter dem Dach der Akademie und seinen Bau auf dem Gelände der Hochschule durchzusetzen. Die notwendige Unterstützung fand Sauer beim damaligen Rektor Albers.

Im Laufe der Jahre erhielt Robert Sauer zahlreiche hohe, auch internationale Ehrungen und Auszeichnungen. Er schätzte sie als Zeichen der Anerkennung, aber sie veränderten sein Wesen in keiner Weise: er blieb bei aller Würde bescheiden und dankbar.

Inzwischen waren auch zahlreiche einstige Schüler selbst zu hohem Ansehen gelangt und ihm wissenschaftliche Partner und echte Freunde geworden.

Nach seiner Emeritierung im Jahre 1966 blieb ihm gar nicht soviel Zeit für die Pflege seiner vielseitigen Begabungen, wie er gehofft hatte. Aber doch genug Zeit, um sich immer wieder mit neuen Problemen zu befassen und seinen Geist zu trainieren. Er erlernte noch eine fremde Sprache, nämlich Türkisch, um an der Universität Trapezunt, die ihn zu einem Gastsemester eingeladen hatte, seinen Hörern in ihrer eigenen Sprache vortragen zu können.

Einen letzten Höhepunkt erlebte Sauer, als er am 8. Januar 1970 zum Ersten Vizepräsidenten des Bayerischen Senats gewählt wurde. Wir freuten uns mit ihm, auch darüber, daß er sich den gesundheitlichen Strapazen eines solchen Amtes noch gewachsen fühlte. Doch sein Leben neigte sich dem Ende zu. Es war bis zuletzt erfüllt von seinem klaren Geist, seiner Güte und seiner Bescheidenheit. So, als wollte er auch von seinem Tod kein Aufhebens machen, ging er lautlos und – wie es schien – ohne vorhergehende Krankheit aus dieser Welt.

Heute, 10 Jahre danach, erinnern wir uns seiner voll lebendiger Dankbarkeit für sein nobles Menschentum.

Der Beitrag von Herrn von Elmenau wird hier fortgesetzt.

von Elmenau:

Sauers Begabung war frei von Einseitigkeit. Herr Lense hat auch über die musikalische Komponente seines Wesens berichtet; so beschränke ich mich darauf zu wiederholen, daß er im Musikbereich nicht nur Empfangender, sondern auch Ausübender war und sogar so schwierige Kompositionen wie die Symphonien Beethovens und Bruckners am Klavier beherrschte.

Diese Vielseitigkeit und geistige Beweglichkeit bewährte sich naturgemäß auch auf seinem eigenen Fachgebiet; denn erst spät, in reifen Jahren, hat Sauer sich der Informatik, der Computerwissenschaft, und ihren logischen und technischen Grundlagen zugewandt, sich auch nicht eher ihr zuwenden können, denn die Zeit war früher nicht reif dafür. Noch in seinem Lebenslauf von 1948, aufgestellt für Zwecke des Kultusministeriums anläßlich seiner Berufung an die Technische Hochschule München, bezeichnete er als seine Hauptarbeitsgebiete Geometrie, besonders Differentialgeometrie, angewandte Mathematik, besonders Strömungslehre und praktische Analyse. Der damals Fünfzigjährige erwähnt also nicht die Logistik, wie man früher die formale und mathematische Logik nannte – den Begriff Informatik gab es damals noch nicht –, und doch hat er wenige Jahre nach der Abfassung dieses Lebenslaufes sich der Informatik zugewandt, die er selbst in einem Vortrag während der Zeit seiner Akademiepräsidentschaft als die abstrakteste aller abstrakten Wissenschaften bezeichnet hat.

Die ungeheure Bedeutung der Computertechnik für die zweite Hälfte unseres Jahrhunderts – man ist versucht zu sagen, auch für das vor uns liegende Millenium – hat er sehr früh erkannt und einen Schritt getan, der uns heute im Rückblick naheliegend, vielleicht sogar selbstverständlich erscheint, der aber damals doch Pioniercharakter trug, nämlich in Zusammenarbeit mit dem bedeutenden Elektro-Ingenieur Hans Piloty, die maschinentechnische Anwendung mathematischer Gedanken zu erproben und in der Gestalt der PERM zu verwirklichen. Diese Maschine PERM, mag sie uns auch schon fossil anmuten, ist, wie schon erwähnt wurde, die Keimzelle eines neuen Wissenschaftszweiges an der zweitgrößten Technischen Universität des Bundesgebietes geworden. Daß heute dieser Wissenszweig, nun Informatik genannt, eine in Deutschland führende Pflegestätte an der Technischen Universität München und im Leibniz-Rechenzentrum besitzt, verdanken wir Robert Sauer und der von ihm begründeten Schule.

Dieses neue Rechenzentrum organisatorisch an die Bayerische Akademie der Wissenschaften anzuschließen, war eine zweckmäßige und taktisch kluge Lösung, die durch einen Umstand erleichtert worden ist: Die Satzung der Bayerischen Akademie enthält in § 1 Abs. 2 die Bestimmung, daß die Akademie eigene Forschungseinrichtungen gründen und unterhalten kann. Einer der Vorgänger Sauers in der Akademieleitung, der gleichfalls von der Technischen Hochschule kommende technische Physiker Walter Meissner, hat von dieser satzungsmäßigen Möglichkeit schon in den 50er Jahren Gebrauch gemacht und das Institut für Tieftemperaturforschung bei der Akademie angesiedelt. So konnte Sauer diesen Spuren folgen. Darin hebt sich bekanntlich die Bayerische Akademie der Wissenschaften von den übrigen westdeutschen Akademien, die keine naturwissenschaftlichen Forschungseinrichtungen unterhalten, ab, während die Akademien östlicher Staaten, in denen die Universitäten nach unseren Begriffen mehr Fachhochschulcharakter tragen, vielfach Träger der Forschung, allerdings oft einer sehr gelenkten Forschung, sind.

Als Präsident der Akademie der Wissenschaften hat sich Sauer auch mit der nicht einfachen Frage einer zeitnahen Haltung und Funktion historischer Körperschaften zu befassen gehabt. Es kennzeichnet seine kluge und ausgleichende Art, daß er die Akademien dazu berufen glaubte, einerseits eine Synthese von Tradition und Fortschritt zu finden, auch in wissenschaftlicher Arbeit und forschungsbezogener Organisation, und andererseits die Trennung von Natur- und Geisteswissenschaften zu überwinden. Denn – wie er selbst formulierte – die Trennung der Wissenschaften in Geistes- und Naturwissenschaften ist längst überholt, sowohl durch das Eindringen exakter mathematischer und naturwissenschaftlicher Methoden in den Bereich der Geisteswissenschaften, wobei nicht nur an den Einsatz von Computern zu denken ist, als auch durch immer stärkere Besinnung der Naturwissenschaften auf ihre philosophischen Grundlagen und die Problematik ihrer Erkenntnismethoden. Auch die Arbeit einzelner Akademiekommissionen wird nach Meinung Sauers von einer solchen Zusammenarbeit beflügelt, so etwa die der Kommission für Herausgabe der Werke Johannes Keplers, wo neben astronomischen auch philosophische und theologische Probleme zu lösen sind.

Aber nicht nur in Programmen und Grundsätzen, auch in Zahlen und Realitäten hat Sauer die ihm anvertrauten Forschungseinrichtungen wirksam gefördert. Die Haushaltssumme der Akademie der Wissenschaften wuchs in den sechs Jahren seiner Präsidentschaft von knapp 3 Millionen im Jahre 1965 auf 6,7 Millionen im Jahr 1970, die Zahl ihrer Bediensteten (Beamte, Angestellte und Arbeiter) von 112 auf 179. Bei der Technischen Hochschule muß man wohl das Jahr 1954 als erstes Rektoratsjahr Sauers mit dem Jahr 1957 vergleichen, in dem er zwar nicht mehr Rektor war, für das er aber noch den Haushalt aufgestellt hat. In diesem Zeitraum erhöhte sich der Staatszuschuß an die Technische Hochschule von 8,5 auf 15 Millionen, der Personalstand von 1249 auf 1451 Köpfe, und das in einer Zeit, in der der warme Regen der Empfehlungen des Wissenschaftsrats noch nicht über die Hochschulen niedergegangen war und über jede einzelne Stelle hart verhandelt werden mußte.

„Der brave Mann denkt an sich selbst zuletzt", läßt Schiller den Wilhelm Tell sagen. Ein zahlenmäßiger, fast möchte man sagen mathematischer Beweis für Sauers Bescheidenheit sind die persönlichen Bezüge, die er bei seiner Berufung nach München im Jahre 1948 erbeten hat. Obgleich schon vorher in Aachen Lehrstuhlinhaber, erbat er sich in München ein Jahresgehalt von DM 11600, also unter tausend Mark im Monat; freilich ist dies auch ein Ausdruck der seit damals völlig veränderten Kaufkraftverhältnisse. Nur durch die Kolleggeld-Garantie von monatlich DM 250, auch relativ gering, die er aber naturgemäß überlesen hat, wie man damals sagte, überstiegen seine monatlichen Brutto-Bezüge dann de facto wenigstens die 1000-DM-Grenze. Erst 1957, anläßlich eines Rufes an die Universität Bonn, den Sauer erhielt und ablehnte, gelang es dem damaligen Referenten für die Technische Hochschule im Kultusministerium Gregor Weber, die Gehaltsbezüge Sauers nicht unbeträchtlich anzuheben.

Sauers Uneigennützigkeit und Altruismus sind nicht nur heute wiederholt erwähnt worden, sie klangen auch aus jeder Würdigung anläßlich seines so frühen Hingangs. Sein langjähriger Senatskollege Ernst Müller-Meiningen spricht – Herr Präsident Wild hat es schon zitiert – von seiner „stillen Herzlichkeit“, nennt ihn sehr anschaulich „bescheiden, besinnlich, human, nicht frei von Skepsis, doch nie ohne Hoffnung“. Die dankbaren und bewundernden Worte, die Wolfgang Kunkel, Klassensekretär der Akademie, zur Zeit des Hinscheidens Sauers ihm widmete, hat der Präsident der Akademie schon zitiert. Ich ergänze, daß Sauer nach Meinung Kunkels die Probleme der Akademie mit großer Unbefangenheit und Aufgeschlossenheit gemeistert hat.

So mag die zehnjährige Wiederkehr des Tages, an dem er uns verließ, auch für uns ein Anlaß sein, dem Sinnspruch nachzustreben, der ungeschrieben über Sauers Leben und Werk stand:

Mehr sein als scheinen.

Bauer:

Wir haben die Freude, noch über ein weiteres Wirkungsfeld Sauers von einer ganz und gar außerhalb von Hochschule und Akademie stehenden Persönlichkeit zu hören. Herr Dr. Götze ist Chef des Springer-Verlags, eines Verlags, dessen Name für Mathematiker in der ganzen Welt eine Art von Erkennungszeichen darstellt.

Herr Dr. Götze hat Robert Sauer sehr gut kennengelernt, und er wird uns nun über Sauers Verbindung zum Verlagswesen berichten. Wir sind Herrn Dr. Götze besonders dankbar, daß er seine Reisepläne eigens so einrichtete, daß er noch zu uns kommen konnte; er wird unmittelbar anschließend zum Flugplatz fahren und schon morgen in Atlanta sein – mit der Concorde, also in praktischer Anwendung trans- und hypersonischer Gasdynamik.

Götze:

Herrn Professor Bauer möchte ich sehr herzlich danken für die ebenso ehrenvolle wie ungewöhnliche Anfrage an den Verleger, sich zu den Beziehungen des heute zu Feiernden mit seinem Verlage zu äußern. Sie, lieber Herr Bauer, haben wie kaum ein anderer die enge Verflechtung zwischen dem Oeuvre eines wissenschaftlich produktiven Mathematikers und seinem literarischen Niederschlag aus nächster Nähe miterlebt.

Wenn Robert Sauer heute im Mittelpunkt dieser Gedächtnisfeier steht, so werden sich bei der Würdigung seiner Persönlichkeit Wiederholungen nicht vermeiden lassen. Die einzelnen Blickpunkte, die den zu Würdigenden in verschiedenen Brechungen des Prismas seiner Persönlichkeit erscheinen lassen, mögen jedoch in ihrer Gesamtheit das Bild ergeben, das ihm gerecht wird.

Im wesentlichen war die Verbindung Robert Sauers zum Springer-Verlag von der Persönlichkeit dieses Menschen, den Sie heute schon vorgestellt bekamen, bestimmt. Wer das Glück hat, in Pommersfelden das Licht der Welt erblickt zu haben und in Bamberg das humanistische Gymnasium zu absolvieren, der hat früh die Chancen eines innigen und selbstverständlichen Verhältnisses zu den Bildungswerten und kulturgeschichtlichen Traditionen Mitteleuropas gehabt. Robert Sauer hat sie genutzt! Ausgestattet mit ausgeprägten musischen Begabungen reflektierte Robert Sauer den Geist jener Welt, vertieft durch die für seine Heimat typischen Charaktereigenschaften der Beständigkeit und der biegsamen Zielstrebigkeit. Zugleich war ihm eine lebendige Bereitschaft zu eigen, neue Wege zu erkunden und zu beschreiten und neue Entwicklungen zu fördern. Seine Aufgeschlossenheit erstreckte sich weit über die Grenzen des wissenschaftlichen Denkens und erfaßte, wie wir soeben so warmherzig vernommen haben, verschiedenste Bereiche des gesellschaftlichen Lebens, denen er sich verpflichtet fühlte.

Einen eigenen Akzent erhielt die Zusammenarbeit Robert Sauers mit dem Springer-Verlag durch die in den 50er Jahren sich sprunghaft entwickelnde Bedeutung der numerischen Mathematik in Verbindung mit der Entwicklung programmgesteuerter Rechenanlagen. Sauers weitgespannte mathematisch-wissenschaftliche Tätigkeit war, wie es der Nachruf von Josef Lense formulierte, „typisch geometrisch geprägt“, angeregt von seinem Lehrer Sebastian Finsterwalder. Er hat sich dann der praktischen und angewandten Mathematik zugewandt. Buch- und Zeitschriftenproduktionen im Springer-Verlag markieren seitdem die wichtigen Entwicklungspunkte seiner wissenschaftlichen Interessen und Bemühungen.

1942 erschien die erste Auflage seiner „Einführung in die theoretische Gasdynamik“, die zwei weitere Auflagen 1951 und 1960 erlebt hat. 1959 folgte der erste Band der zweibändigen „Ingenieur-Mathematik“, die ebenfalls eine zweite Auflage 1961 erlebte und die Robert Sauer ganz besonders am Herzen gelegen hat. Die gelegentlich auftauchende platonische Frage oder Feststellung, daß es nur eine Mathematik geben könne – nicht verschiedene für Ingenieure, Mediziner etc. –, beantwortete Sauer auf sehr pragmatische und pädagogische Weise. Im Vorwort zur 4. Auflage des ersten Bandes der „Ingenieur-Mathematik" 1969 schreibt er, daß das Hauptziel des Buches sei, den Studierenden die grundlegenden Begriffe verständlich zu machen in einer Sprache, die der aufs Anschauliche gerichteten Denkweise des Naturwissenschaftlers und Ingenieurs Rechnung trägt. Dadurch solle der mathematischen Strenge kein Abbruch geschehen. Diese sei auch für die Ausbildung des Ingenieurs unerläßlich, sowohl wegen ihres allgemeinen Bildungswertes als auch wegen des Schadens, der durch unexaktes Umgehen mit mathematischen Begriffen und Methoden bei deren Anwendung auf praktische Probleme entstehen kann.

Sauer hat stets die Bedeutung der reinen Mathematik hervorgehoben, deren zunächst abstrakte Aussagen zu wichtigen Hilfsmitteln und Werkzeugen für den Ingenieur geworden sind. Umgekehrt aber haben ihn auch die praktischen Bedürfnisse in Technik und Wirtschaft besonders interessiert, die Anstöße zur Entwicklung von Teildisziplinen in der Mathematik gebracht haben – etwa der Behandlung der Optimierungsprobleme in der Unternehmensforschung, um nur ein Beispiel zu nennen.

Die theoretische Gasdynamik führte Sauer zur Beschäftigung mit den Anfangswertproblemen bei partiellen Differentialgleichungen, die er 1952 in einem Bande unserer gelben Sammlung (Grundlehren der mathematischen Wissenschaften) zusammenfassend darstellte – auch wiederum in zweiter Auflage 1958. Eine unmittelbare Fortsetzung der „Einführung in die theoretische Gasdynamik" bildete das 1966 erschienene Werk über „Nichtstationäre Probleme der Gasdynamik". In beiden Werken klingt schon die intensive Beschäftigung mit der Entwicklung programmgesteuerter elektronischer Rechenanlagen an, die in einer ausführlichen Besprechung numerischer Methoden ihren Ausdruck findet.

Robert Sauers Betrachtungsweisen sind wesentlich in die Konzeption des umfassenden, gemeinsam mit I. Szabo (unter Mitwirkung zahlreicher Kollegen) herausgegebenen vierbändigen Werkes „Mathematische Hilfsmittel des Ingenieurs" eingeflossen. Vier Bände, die wiederum in der gelben Sammlung in rascher Folge zwischen 1967 und 1970 erschienen sind. Im III. Band dieses Werkes hat er den Abschnitt über Geometrie persönlich verfaßt. Das Wesentliche bei diesem Werk war, daß sich dort besonders seine Fähigkeit bewährt hat, als Herausgeber zu koordinieren, Unstimmigkeiten zu glätten und Dissonanzen zu beheben.

Die frühzeitige Beschäftigung Robert Sauers mit der folgenreichen Entwicklung programmgesteuerter Rechenautomaten, die unter anderem zu der gemeinsam mit H. Piloty in München errichteten PERM führte, dem Vorläufer des heutigen großangelegten Leibniz-Rechenzentrums, reflektiert sich wiederum in gemeinsamen Unternehmungen mit unserem Verlag. Aus dem Jahre 1958 bewahre ich einen Brief auf mit der Verabredung über ein Treffen am 28. Februar 1958 in Heidelberg, zu dem Sauer dann in Begleitung von F. L. Bauer erschien, und bei dem der Plan für die Gründung unserer Zeitschrift „Numerische Mathematik" besprochen wurde. Erste Herausgeber dieser Zeitschrift waren neben Sauer selbst A. S. Householder (Oak Ridge), E. Stiefel (Zürich), J. Todd (Pasadena) und A. Walther (Darmstadt). Das erste Heft der Zeitschrift erschien 1959, und Robert Sauer hat bis zu dem 1967 erschienenen 10. Band als federführender Herausgeber gewirkt. Ab Band 10 traten dann seine Schüler F. L. Bauer und K. Samelson zusammen mit J. H. Wilkinson (Teddington) in die Hauptredaktion ein.

Mit diesen Initiativen, welche auch Pläne zur Publikation von Algorithmen in Taschenbuchform einschlossen, hat Robert Sauer praktisch und literarisch die Entwicklung der numerischen Mathematik in den 50er und 60er Jahren entscheidend beeinflußt und gefördert. Als der Verlag ihm anläßlich seines 70. Geburtstages am 16. September 1968 die ersten 10 Bände der „Numerischen Mathematik" in festlichem Einband mit einer persönlichen Widmung überreichte, empfand er dies als eine besondere und ihn berührende Würdigung seiner bisherigen Tätigkeit im Zusammenwirken mit dem Verlag, und er schrieb wörtlich: „Diese für mich so ersprießliche Zusammenarbeit wird immer zu meinen wertvollsten Erinnerungen zählen."

Es hatte sich in der Tat eine über die fachlich-sachliche Zusammenarbeit weit hinausgehende freundschaftliche Verbindung zwischen uns entwickelt, derer ich gerne und in Dankbarkeit heute gedenke.

In jenem Briefe, in dem er für die Geburtstagsgabe dankte, äußerte er sich zugleich zu seinem letzten Buchplan einer „Finiten Differentialgeometrie", die nach seinen Worten diejenigen Eigenschaften der Kurven und Flächen „differenzengeometrisch" behandeln sollte, die den analogen Eigenschaften an finiten Modellen, z. B. Dreiecks- und Vierecksnetzen, entsprechen. Damit wiederum war der große Bogen seines Werkes geschlossen und führte in gewisser Weise zu seiner von Sebastian Finsterwalder angeregten Doktorarbeit zurück! Er hat das Erscheinen seines letzten Buches, der „Differenzengeometrie“, das am 9. Juni 1970 zur Auslieferung gelangte, noch voll Freude selbst miterlebt.

Der Verlag hat die nie getrübte und von gegenseitigem Vertrauen getragene Zusammenarbeit mit Robert Sauer, die über Jahrzehnte gewährt hat, stets dankbar empfunden als einen bemerkenswerten Fall idealer Verleger-Autoren-Beziehung.

Bauer:
Wir freuen uns, jetzt aus dem Munde eines geistlichen Herrn eine Würdigung Sauers zu hören. Herr Professor Audomar Scheuermann wird über Sauer als Vizepräsidenten des Bayerischen Senats berichten und damit über eine Zeit, in der Sauer am unmittelbarsten im Licht der Öffentlichkeit stand.

Scheuermann:
Robert Sauer hat der Zweiten parlamentarischen Kammer des Bayerischen Freistaates, dem Bayerischen Senat, fast neun Jahre angehört. Er war einer der drei Vertreter der Hochschulen und Akademien, die von der entsprechenden Wahlversammlung der Hochschulen seinerzeit fast immer aus dem Kreis der ehemaligen Rektoren berufen worden sind. Er war damals mit seinem Freund Melchior Westhues, dem früheren Rektor der Münchener, und Heinrich Kuen, dem früheren Rektor der Erlanger Universität, im Bayerischen Senat. Als Altrektor der Technischen Hochschule war er deren erster Vertreter im Senat; er wurde gewählt als Nachfolger von Professor Ernst Pretorius von der Akademie der Bildenden Künste. Auch anschließend war die Technische Universität im Senat präsent: Sauers Nachfolger ist der hier anwesende Professor Horst Engerth, inzwischen Präsident der Hochschule der Bundeswehr.

Als Robert Sauer 1962 Senator wurde, waren ihm die Probleme des Hochschulausbaus, damals vom ersten Gutachten des Wissenschaftsrats mächtig in Schwung gebracht, ein besonderes Anliegen, zumal er ja nicht nur im kulturpolitischen Ausschuß mitwirkte, sondern die Interessen der Hochschulen auch im Finanz- und Haushaltsausschuß vertrat. Wer Robert Sauer gekannt hat, weiß, wie ihm – mag er etwas noch so nachdrücklich vertreten haben – immer sehr an den rechten Maßstäben gelegen war. Er hat sich natürlich gesorgt um den beschleunigten Ausbau der Hochschulen, um die Stellenmehrungen, um den Ausbau des Akademischen Mittelbaus zur besseren Betreuung der Studenten, um die überwiegend praktischen Begabungen außerhalb der Technischen Hochschule an den damals noch bestehenden Ingenieurschulen, um die stete Modernisierung gerade der Einrichtungen im naturwissenschaftlich-technischen Bereich und um den Ausbau der Universität Regensburg. Und er hat sich immer wieder ganz deutlich dafür eingesetzt, daß die immensen Leistungen des Staates auch anerkannt wurden. Ich höre noch, wie er gegen einige forsche Formulierungen in den Bemerkungen zum Staatshaushalt schlicht und einfach sagte: „Es geschieht doch unerwartet viel für die Wissenschaft und Forschung von seiten des Staates, auch das sollte man im Eifer der Stellungnahmen nicht vergessen."

Von allem Anfang an ist er für die damals im Entstehen begriffene Medizinische Fakultät der Technischen Hochschule eingetreten. Bei seiner ersten Wortmeldung bestand noch die Vorstellung einer Medizinischen Akademie, die nach dem Beschluß des Landtags von 1962, eine Medizinische Akademie in Augsburg zu gründen, in der Luft lag. Später, im Januar 1966, sprach er sich aber ganz klar im Einvernehmen mit dem Senat der Technischen Hochschule dafür aus, daß eine Medizinische Fakultät entstehen sollte, und zwar unter Einbeziehung der schon bestehenden Städtischen Kliniken. Dabei sagte er schon damals, daß die Umbenennung der Technischen Hochschule in eine Technische Universität wohl kaum mehr lange auf sich warten lassen könne.

Zugleich hatte er freilich sehr realistisch alle Vorstellungen von einer „billigen" Errichtung dieser zweiten Münchner Medizinischen Fakultät vom Tisch gewischt. Ich erinnere mich noch, wie in parlamentarischen Kreisen von 10 Millionen die Rede war, mit der man diese Fakultät auf die Beine stellen könne, weil ja die einzubeziehenden Städtischen Krankenanstalten schon da seien. Später hieß es dann, 60 oder 75 Millionen brauche man, weil man ja immerhin bedenken müsse, daß die Technische Hochschule in Physik und Chemie für das Vorklinikum bereits ausgestattet sei. Sauer erklärte, für eine Medizinische Fakultät brauche man auch an der Technischen Hochschule noch neue Stellen und Einrichtungen in Physik und Chemie, und im übrigen solle man wissen, daß diese Medizinische Fakultät auch nicht billiger kommen werde als anderswo: „Sagen wir einmal 600 Millionen." Das war im Jahr 1966.

Oftmals war an ihm zu entdecken, welcher Freund der Künste in diesem nüchternen Mathematiker lebte. Als damals die Akademie der Schönen Künste aus dem Prinz-Carl-Palais ausziehen mußte, hat er sich, damals schon Präsident der Akademie der Wissenschaften, für deren Unterbringung in der Residenz eingesetzt. Als in den Verhandlungen des Senats ein Ministerialbeamter sagte, man stehe diesbezüglich mit der Akademie der Wissenschaften schon in Kontakt, hat Sauer darauf erwidert, er wisse zwar davon nichts, aber er könne versichern, daß die Akademie der Wissenschaften ihr Möglichstes zur Unterbringung dieser anderen Akademie tun wolle.

Unvergessen ist sein nachdrückliches Wort zugunsten alter, verarmter Künstler, denen ein Ehrensold gewährt werden möge.

Ein Beispiel für seine Beweglichkeit muß in diesem Zusammenhang genannt werden. Man beschäftigte sich mit dem Schicksal des Armeemuseums am Rande des Hofgartens. Die Streitfrage lautete schon damals: ‚Bleibt die Kuppel oder nicht?‘ In Kreisen des Senats gab es sehr laute Stimmen für die Erhaltung der Kuppel, und es wurde der Antrag gestellt, es möge ein Preisausschreiben gemacht werden, was man dort bauen könne unter Beibehaltung der Kuppel. Da war es Robert Sauer, der sich sofort gerührt hat. Man solle die Ausschreibung doch nicht mit derartigen Beschränkungen belasten, man solle von den Künstlern und Architekten beliebige Vorschläge einholen, damit wirklich Gelegenheit sei, daß Architekten von heute all die möglichen Vorschläge entwickeln können, auch solche ohne Kuppel.

Wir haben Robert Sauer in unserem Kreis als einen sehr geselligen, wenn auch in Äußerungen über sich selbst sehr verhaltenen Menschen in Erinnerung. Als er 1968 zum Schriftführer, also zu einem Mitglied des siebenköpfigen Präsidiums des Senats gewählt werden sollte – und dann auch gewählt worden ist –, sagte ich ihm, mir schiene das für einen Mann wie ihn, noch dazu als Präsidenten der Akademie der Wissenschaften, zu wenig. Darauf hat er ganz schlicht erwidert: „Ach was, Herr Kollege, ich bin ja ein Senator wie jeder andere auch.“ Bei nächster Gelegenheit, im Januar 1970, wurde er dann zum Ersten Vizepräsidenten des Bayerischen Senats gewählt. Sein jäher Tod hat ihn kaum acht Monate in diesem Amt wirken lassen. Aber fleißig und rührig hat er in diesen wenigen Monaten auch die zusätzlichen neuen Arbeiten und insbesondere die zahlreichen zusätzlichen Repräsentationspflichten wahrgenommen, von denen ich, nun schon zehn Jahre sein Nachfolger, einige Ahnung habe. Als ich ihn einmal auf verschiedenen Veranstaltungen kurz hintereinander traf, fragte ich ihn, wie er denn das mache und wie er das zeitlich meistere. Da hat er humorvoll darauf gesagt: „Das mache ich alles mit Peter oder Paul.“ Zufälligerweise hieß nämlich sein Chauffeur bei der Akademie der Wissenschaften, der heute auch unter uns ist, mit Familiennamen Peter und der Chauffeur beim Bayerischen Senat mit Familiennamen Paul.

Als wir am 26. August 1970 im Waldfriedhof draußen von seinem Grab weggingen, hat Kardinal Döpfner zu mir mit seiner gemimt rauhen Art gesagt: „Ihr habt ja gar nicht gewußt, welch innerlich reicher Mensch dieser Robert Sauer war."

So ganz haben wir es wohl wirklich nicht gewußt. Dazu war Sauer viel zu still und viel zu bescheiden, als daß er seine Vorzüge für jeden so klar erkennbar gemacht hätte.

Bauer:

Zum Schluß möchte ich versuchen, das Bild Sauers aus zweierlei Sicht abzurunden und zu ergänzen. Ich tue das zum einen aus der Sicht der frühen 50er Jahre, also aus der Sicht eines damals jungen Mitarbeiters, unmittelbar anschließend an das, was Herr Jordan dazu gesagt hat, und ich darf dabei auch für meine damaligen und teilweise heutigen Kollegen sprechen: für Herrn Aufschläger, für Herrn Schecher und insbesondere für unseren kürzlich von uns gegangenen Freund und Kollegen Samelson. Zum anderen möchte ich versuchen, aus der Sicht der späten 60er Jahre, nach meiner Rückkehr nach München, also aus der Sicht des jüngeren Kollegen Sauers, noch einige Bemerkungen zu machen. Ich schätze mich glücklich, zu Robert Sauer gerade in seinen letzten Lebensjahren einen sehr persönlichen Kontakt gehabt zu haben, der über das Respektsverhältnis hinaus fast zu einer Vater-Sohn-Beziehung führte.

Zum ersten schwingt zunächst natürlich stark die Erinnerung an Klaus Samelson mit, und so sehen Sie es mir wohl nach, wenn ich etwas persönlicher werde.

Mitte 1952 kam Hermann Jordan auf mich zu und sagte, er ginge zu Meixner nach Aachen, und er wolle mich Sauer für die Assistentenstelle empfehlen. Genau genommen sagte er, Sauer habe ihn gebeten, doch einen zuverlässigen Ersatz für ihn zu suchen. Ich war damals wohlbestallter Assistent bei Bopp und zögerte ein wenig, vor allem aber im Hinblick auf die gewünschte Zuverlässigkeit, aber Jordan sagte: „Sauer, das ist für Sie ein Chef nach Maß." Ich weiß nicht, ob er ahnte, wie weit er recht behalten sollte. In der Tat, das war nicht ohne Hintersinn und wurde für mich in einer sehr angenehmen Weise bestätigt. Sauer nahm mir meine Eigenwilligkeit, meine Unbeherrschtheit, mein Insistieren – jugendliche Eigenschaften, von denen ich bis heute noch nicht freigekommen bin – nie übel, und in späteren Jahren bestätigte mir Sauer, Gott sei Dank, daß Jordan auch ihm einen Assistenten nach Maß besorgt hatte.

Ich bin also der Theoretischen Physik untreu geworden und fing im Herbst 1952 bei Sauer an. Einige Wochen vorher war Samelson als DFG-Mitarbeiter angestellt worden. Auch dabei hatte Herr Jordan seine Hand im Spiel gehabt. Als Samelson sich auf Jordans Vorschlag bei Sauer vorstellte, sagte dieser: „Ich erinnere mich an Sie vom Staatsexamen her." Samelson sah sein Chancen schwinden, denn Geometrie, insbesondere die Darstellende, war nie sein Schwarm gewesen. Aber Sauer nahm ihn. Später sagte er mir einmal: „Ich hatte ihn in Erinnerung, weil er auf eine Frage, zu der er gar nichts gelernt hatte, eine sehr gescheite Antwort gab."

Mit Samelson zusammen – wir hatten die letzten Studiensemester ja bereits zusammengesteckt, mit Jordan, mit Scheurich, mit Haag – ging es dann an die Aufgaben, die der Bau der PERM auch für die Mathematiker mit sich brachte. In die Arbeit des Assistenten teilte ich mich mit dem später auf tragische Weise von uns gegangenen Rudolf Aufschläger, der sich den Übungsbetrieb vorbehielt, was mir nur recht war. Nicht ganz so recht war es Sauer, der immer befürchtete, Aufschläger würde einmal ausfallen. Aufschläger fiel in der Tat einmal in der Badewanne so unglücklich, daß er sich die Hand aufschnitt, und ich mußte dann einspringen, ohne eine Ahnung zu haben, was gerade dran war. „Doppelt genäht hält besser", war eine der praktischen Lebensweisheiten Sauers.

Ein weiteres Problem war, daß Sauer gelegentlich dem Namen nach Samelson mit mir verwechselte. Jeder von uns beiden fühlte sich dadurch höchstens geschmeichelt, aber Sauer gab sich immer recht unglücklich, wenn er seinen Irrtum bemerkte, und entschuldigte sich mehr als notwendig.

Sauer war nämlich nicht ohne schauspielerische Begabung. Er konnte so zerknirscht dreinblicken, daß einmal einem Verkehrspolizisten, unter dessen ausgestrecktem Arm er am Rotkreuzplatz durchgefahren war, nichts anderes übrigblieb, als ihn laufen zu lassen. Denn Sauer sagte einfach: „Entschuldigen Sie, Herr Wachtmeister, ich habe gedacht, Sie sind nicht da." Das geschah mit Sauers erstem Auto, einem schwarzen DKW, der – nachdem Sauer unter dem Zittern seiner Assistenten die Fahrprüfung bestanden hatte – sein und seiner Frau ganzer Stolz war. An die leider so früh verstorbene Frau Hanni Sauer erinnern sich die damaligen Assistenten mit besonderer Wertschätzung; ihr rheinisches Temperament kam auch den Faschingsfesten sehr zustatten.

1958 ging ich dann von Sauer weg nach Mainz, und Samelson folgte mir bald nach; in München führte Seegmüller die Arbeiten einer sich entwickelnden „computer science“ weiter. Zu meiner Freude konnte Herr Sauer seine Absicht, mich wieder nach München zu bringen, schneller verwirklichen, als ich es mir hatte träumen lassen. Im Herbst 1962, während des IFIP-Kongresses, dessen Leitung Sauer übernommen hatte, verhandelte ich so nebenbei über die Übernahme einer Parallelprofessur. Die Verhandlungen gingen, auch zur Überraschung von Herrn von Elmenau, recht schnell voran; nicht zuletzt deswegen, weil mir Sauer zugesagt hatte, alles in seiner Macht stehende zu tun, um uns zwei Wünsche, die wir gemeinsam hatten, zu erfüllen: den Aufbau der „computer science“ – erst 1967 wurde sie in Informatik umbenannt – in München voranzutreiben und Samelson ebenfalls nach München zurückzuholen. Da brauchte in der Tat nicht lange verhandelt zu werden.

Beides gelang, und einiges mehr: ein Neubau für das Leibniz-Rechenzentrum war längst überfällig. Sauer und ich überstanden einen Sturm, der in der letzten Fakultätssitzung vor Weihnachten 1966 deswegen über uns hereinbrach, einigermaßen heil. Als Präsident der Akademie hielt Sauer dann seine schützende Hand weiterhin über die Kommission für Elektronisches Rechnen, die der unvergessene Hans Piloty im Juni 1965 mir anvertraut hatte. Einen besonderen Triumph empfand Sauer dann, als es ihm gelang, auch Seegmüller als Direktor des Leibniz-Rechenzentrums nach München zurückzuholen, wobei die Ausbringung des zugehörigen Lehrstuhls bei der Ludwig-Maximilians-Universität zwar nicht gerade Sauers Einfall war, aber in ihrer Vorteilhaftigkeit von ihm sofort richtig eingeschätzt wurde. Dies zeigt Sauer, der zu dieser Zeit – wie schon geschildert wurde – sehr stark in der Kulturpolitik engagiert war, als einen politischen Menschen angenehmer Art: er war kein Ränkeschmied, er war keine graue Eminenz, aber er wußte einen Vorteil zu nutzen, wenn er einer von ihm für gut gehaltenen Sache weiterhalf.

Viel Persönliches wäre noch zu sagen über diese glücklichen Aufbaujahre, die nur durch die einsetzenden Studentenunruhen getrübt wurden. Zu den letzteren ließ Sauer es im wesentlichen mit der Bemerkung bewenden, schon im klassischen Altertum habe ein von ihm stets sehr geschätzter Philosoph vor dem Unverstand der Jugend gewarnt. Er hat auch damit recht behalten.

In den späten 60er Jahren machten sich gelegentlich Herzbeschwerden bemerkbar. Sauer sprach darüber nicht viel. Seiner Cousine, Frau Dr. Utta Morenz-Bachmann, mit der ihn ein sehr inniges Vertrauensverhältnis verband, hat er aber einmal gestanden, was ihn an der Tatsache des Sterbens am meisten beunruhige, daß er sich auflösen und – am schlimmsten – der Vergessenheit anheimfallen könnte.

Im August 1970, während der ersten Marktoberdorfer Sommerschule und nachdem die Informatik ihre ersten Früchte getragen hatte, überraschte uns dann die Nachricht von Sauers plötzlichem Ableben. Über sein Verhältnis zu Gott, zu dem er heimging, haben wir nur bruchstückhafte und hier nicht wiedergebbare Eindrücke. Die Seelenmesse, die der Hochwürdigste Herr Abt Dr. Odilo Lechner heute früh in St. Bonifaz feierte, in der Kirche, in der Sauer regelmäßig am Semestereröffnungsgottesdienst teilnahm, sollte uns aber auch an diese Seite Sauers erinnern.

Robert Sauers Andenken ist nach dem Ausweis dieses Kolloquiums im Herzen seiner Freunde lebendig. Seine Bescheidenheit war Demut, die sich im Dienen für die Wissenschaft erfüllte. Seine Güte hat denen Wärme gegeben, die ihm nahe kommen durften. Demut und Güte als Begleiter überragenden schöpferischen Verstandes – das zeichnet Robert Sauer aus.

Anhang

Robert Sauers Arbeiten während des 2. Weltkrieges

Auszug aus einem Bericht einer britischen Studienkommission, die 1945 unter Leitung von Prof. J. Todd, Pasadena, die in Deutschland auf dem Gebiet der Angewandten Mathematik durchgeführten Arbeiten untersuchte
(Abdruck aus einem inzwischen freigegebenen Bericht).

Applied Mathematical Research in Germany, with Particular Reference to Naval Applications

Reported by

Lt. Cdr. John Todd, R.N.V.R. Lt. G.E.H. Reuter, R.N.V.R.
Lt. F. G. Friedlander, R.N.V.R. Cdr. D. H. Sadler, R.N.V.R.
Lt. Cdr. A. Baxter, R.N.V.R. Lt. Cdr. F. Hoyle, R.N.V.R.

Section V

Prof. Sauer

(T.H. Karlsruhe, formerly T.H. Aachen – both Math. Institutes evacuated to Ummendorf b. Biberach, Württemberg)

1. *Exterior ballistics*

S. worked for Heereswaffenamt (Flak) in the first year of war. He introduced Adams' method of integration, reducing the time required by 50%. No Hollerith or accounting machines were used.

S. also used Popoff's transformation of variables for families of trajectories; this reduced the number of trajectories required to $\frac{1}{4}$ (since interpolation is easier).

S. developed stability theory for finned projectiles (see ZAMM, 1943).

S. developed methods for calculating the aerodynamic coefficients of a projectile from space-time records of the trajectory.

2. *Differential Analyzer*

This was originally required for trajectory calculations by the HWA, but designed for more general application. A development contract for 300,000 RM was given to Askania/Berlin who were advised by Prof. Peters (who had worked with Bush at MIT) and Dr. Pösch (Sauer's assistant, now living nr. Ummendorf).

The machine was designed on the Bush principle, the essential difference being:

(i) Electrical instead of mechanical connections between units

(ii) torque amplifiers electrical instead of mechanical.

Curve following was by hand (a photo-electric follower was considered for later incorporation); a machine was designed but not tested for automatic printing of results.

The target accuracy was 0.1%; 2 of each unit (integrator, adder, input-output) were built, and tested for accuracy at Oberbrunn nr. Munich. A 'circle test' run 20 times gave 1.5 mm. error on a 35 mm. circle. It was found that 1 torque amplifier per integrator was not always sufficient, and space t.a.'s were built in.

The completed units were destroyed in Aug. 1943 at Berlin; some attempt was made to continue development at Budapest. S. still has photographs and drawings at Ummendorf.

A paper by Sauer and Pösch in ZAMM 1944 introduces a sort of reciprocal network for the analyser set-up and indicates the exact scope of such machines.

It had been intended to build 3 machines (consisting of 9 integrators, 9 input or output tables, 6 adders):

1 for HWA (trajectory calculations)

1 for RLM

1 for T.H. Aachen (ordered by Reichsforschungsrat through Prof. Süss).

Personnel concerned at Askania were:

Direktor Peres (Admin.)

Dr. Brückner (Mathematics)

Herr Schomann (Engineering)

and also Ministerialrat Prof. Schweickert (HWA)

3. *Supersonic flow*

Work on solids of revolution

(i) linearised theory for slender bodies (no shock waves)

(ii) exact theory, including shock waves. Account can be taken of verticity behind the shock wave, but this appears to have little effect on pressure distribution. The method used is a combination of numerical and graphical ones and is based on the theory of characteristics.

Excellent agreement between calculations and observation in wind-tunnels at Aachen and Peenemünde was obtained. A large contract for the calculation of pressure distribution along various new projectiles, with Mach numbers between 1.86 and 6; was given by Peenemünde and the Air Ministry.

4. *Subsonic flow*

A numerical iteration method (suggested by Göthert, DVL) was developed for subsonic flow about an aerofoil or body of revolution. The profile has first to be conformally mapped on a circle, and for the further calculation certain numerical tables of 'influence coefficients' are required. These tables are unfinished, and would require about 6 months to complete.

S. also did some work on flow in nozzles, in particular the transition from subsonic to supersonic flow at the throat.

5. *Book on Gas Dynamics*

S. has written a book "Einführung in die theoretische Gasdynamik", published by Springer (1943). The first two editions are out of print; a third, revised edition is ready for printing. This book deals with steady flow problems; a second volume on non-steady problems is in manuscript and nearly ready for printing.

The plan of the second volume is as below:

"Nichtstationäre Probleme der Gasdynamik"

I Introduction (including a section on characteristics)
II Linearised theory
III Waves of finite amplitude in tubes of constant cross-section
IV The same for tubes of slowly varying cross-section
V Shock waves (including numerical methods if shock waves are present)
VI Detonation waves

(Only the case of *one* space-variable is dealt with).

6. *Explosions*

S. did some work on the theory including underwater explosions.

Prof. Schardin (from Berlin-Gatow), an expert on the subject was in Biberach.

Prof. Pfeiffer (Stuttgart) had also worked on gas dynamics.

7. *Reports prepared by Professor Sauer*

Forschungsberichte

1269 (1940): Charakteristikenverfahren für räumliche achsensymmetrische Überschallströmungen.

1341 (1940): Linearisierte Überschallströmungen um schief angeblasene Drehkörper.

1675 (1, 2, 3, 4) (1942-3): Theorie der nichtstationären Gasströmungen (included in an extended form in the second volume of his book).

1864 (1, 2) (1943): Theorie des Strahlrohres.

1957 (1944): Theorie der ebenen und kugel-symmetrischen Explosion.

1996 (1944): Unterwassersprengung.

Jahrbuch Luftfahrtforschung

1941. I 78-81: Charakteristikenverfahren für räumliche achsensymmetrische Überschallströmungen.

1943. Lineare Theorie der Geschoßpendelung (Bd. 10 (1943), Heft 12 of Technische Berichte).

U M 723 (1, 2) (1943): Gebrauchsanweisung der Integriermaschine (There is available an unpublished report dealing in more details with the electrical matters).

Report on a Conference held at Freiburg 12. 9. 44:

„Zusammenstellung von Verfahren zur Messung, Auswertung und Bahnberechnung unbemannter Flugkörper".

This includes reports on the following papers:

...

...

...

(5) Prof. Dr. Sauer (Math. Institut der TH Karlsruhe): Vollautomatische Flugbahnberechnung mittels Integriermaschine.

...

...

...

Bibliographie

Schriftenverzeichnis

1. Bücher

Projektive Liniengeometrie. Berlin: de Gruyter, 1937, 194 S. (Göschens Lehrbücherei, Gruppe 1; 23)

Theoretische Einführung in die Gasdynamik. Berlin: Springer, 1943. 146 S. Reprint: Ann Arbor, Mich.: Edwards, 1945. Ab 2. Aufl. u. d. T. „Einführung in die theoretische Gasdynamik". ²1951. ³1960. Übers. ins Engl.: Introduction to theoretical gas dynamics. Ann Arbor, Mich.: Edwards, 1947. Übers. ins Russ.: Vvedenie v gazovuju dinamiku. Moskva: Ogiz, 1947

Non-stationary problems of gas-dynamics (pressure waves of large amplitude). Kent 1947. 44 S., 17 Taf. (Ministry of Supply, Armament Research Dept., Theoretical Research Translation 1/47)
Aus dem Vorwort: ... The present translation has been made from the German text of a work prepared by Sauer under the direction of the French Ministry of Armaments

Ecoulements des fluides compressibles. Paris: Béranger, 1951. 307 S. (Teilweise Übers. der beiden vorgenannten Werke). Übers. ins Russ.: Tečenija sžimaemoj židkosti. Moskva: Inostrannoj Literatury, 1954

Anfangswertprobleme bei partiellen Differentialgleichungen. Berlin: Springer, 1952. 229 S. (Grundlehren der mathematischen Wissenschaften; 62). ²1958

Ingenieur-Mathematik. I, II. Berlin: Springer, 1959, 1961. 304 und 180 S. ²1961, 1962. ³1964, 1968. ⁴1969

Zus. mit F. L. Bauer, J. Heinhold, K. Samelson: Moderne Rechenanlagen, eine Einführung. Stuttgart: Teubner, 1965. 357 S. (Leitfäden der angewandten Mathematik und Mechanik; 5)

Nichtstationäre Probleme der Gasdynamik. Berlin: Springer, 1966. 195 S.

Hrsg. (zus. mit Szabó) und Beiträge in: Mathematische Hilfsmittel des Ingenieurs. I–IV. Berlin: Springer, 1967–1970. (Grundlehren der mathematischen Wissenschaften; 139–142)

Mithrsg. und Beiträge zus. mit Irma Wenke und Klaus Samelson in: Grundzüge der Mathematik, Bd. V, Praktische Methoden und Anwendungen der Mathematik. Göttingen: Vandenhoeck & Ruprecht, 1968. 478 S.

Differenzengeometrie. Berlin: Springer, 1970. 234 S.

2. Zeitschriftenartikel und kleinere selbständige Schriften

1924

Zus. mit Heinrich Graf: Über dreifache Geradensysteme in der Ebene, welche Dreiecksnetze bilden. Sitzungsberichte der Bayer. Akad. d. Wiss., Math.-Naturw. Abt., *1924*, 119–156

1925

Die Raumeinteilungen, welche durch Ebenen erzeugt werden, von denen je vier sich in einem Punkt schneiden. Sitzungsberichte der Bayer. Akad. d. Wiss., Math.-Naturw. Abt., *1925*, 41–56

Über eine Raumeinteilung, erzeugt durch vier Ebenensysteme von der Art, daß je vier Ebenen durch einen Punkt hindurchgehen. München, TH, Diss., 1925. 28 Bl. (Masch.-Schr.)

1926

Zus. mit Heinrich Graf: Über besondere räumliche Geradenanordnungen derart, daß durch jeden Schnittpunkt gleichviele Gerade hindurchgehen. Sitzungsberichte der Bayer. Akad. d. Wiss., Math.-Naturw. Abt., *1926*, 135–198

Flächen mit drei ausgezeichneten Systemen geodätischer Linien, die sich zu einem Dreiecksnetz verknüpfen lassen. Sitzungsberichte der Bayer. Akad. d. Wiss., Math.-Naturw. Abt., *1926*, 353–397 (Habil.-Schrift)

1927

Über die allgemeinste räumliche Anordnung gerader Linien zu scheinbaren Dreiecksnetzen. Sitzungsberichte der Bayer. Akad. d. Wiss., Math.-Naturw. Abt., *1927*, 165–183

1928

Geometrische Überlegungen zu den Grundgleichungen der Flächentheorie. Sitzungsberichte der Bayer. Akad. d. Wiss., Math.-Naturw. Abt., *1928*, 97–104

Geradlinige Dreiecksnetze in der Ebene und „scheinbare" Dreiecksnetze windschiefer gerader Linien im Raume. Jahresbericht der Deutschen Mathematiker-Vereinigung *37*, 14–15 kursiv

Eine geometrische Ableitung der Codazzischen Gleichungen und des Bonnet-Gaußschen Satzes. Naturwissenschaften *16*, 975

1929

Eine geometrische Ableitung der Codazzischen Gleichungen und des Gauß-Bonnetschen Satzes. Jahresbericht der Deutschen Mathematiker-Vereinigung *38*, 8–10 kursiv

Herleitung differentialgeometrischer Flächeneigenschaften aus Sehnen-Dreiecksflächen. Sitzungsberichte der Bayer. Akad. d. Wiss., Math.-Naturw. Abt., *1929*, 307–324

1930

Dreieckspolyeder und Flächenhäute. Jahresbericht der Deutschen Mathematiker-Vereinigung *39*, 36–39

1931

Zus. mit Heinrich Graf: Geodätische Vierecksnetze mit inhaltsgleichen Feldern. Jahresbericht der Deutschen Mathematiker-Vereinigung *40*, 74–96

Zus. mit Heinrich Graf: Über Flächenverbiegung in Analogie zur Verknickung offener Facettenflache. Mathematische Annalen *105*, 499–535

1932

Über allgemeine quadratische Abbildungen. Jahresbericht der Deutschen Mathematiker-Vereinigung *42*, 29 – 30

Die allgemeinen quadratischen Abbildungen, dargestellt durch geradlinige Dreiecksnetze. Mathematische Annalen *106*, 722 – 754

1933

Zus. mit Othmar Baier: Über besondere Dreiecksnetze aus Kegelschnitten. Jahresbericht der Deutschen Mathematiker-Vereinigung *43*, 153 – 162

Wackelige Kurvennetze bei einer infinitesimalen Flächenverbiegung. Mathematische Annalen *108*, 673 – 693

Zusatz zu der Arbeit „Wackelige Kurvennetze bei einer infinitesimalen Flächenverbiegung". Mathematische Annalen *109*, 160

1934

Projektive Sätze in der Statik des starren Körpers. Mathematische Annalen *110*, 464 – 472

Krümmungsfeste Kurven bei einer infinitesimalen Flächenverbiegung. Mathematische Zeitschrift *38*, 468 – 475

Spannungszustände und projektive Transformationen. Zeitschrift für angewandte Mathematik und Mechanik *14*, 193 – 198

1935

Infinitesimale Verbiegungen zueinander projektiver Flächen. Mathematische Annalen *111*, 71 – 82

1936

Projektive Kinematik wackeliger Flechtwerke. Monatshefte für Mathematik und Physik *43*, 215 – 224

1937

Ebene gleicheckige Polygongitter. Jahresbericht der Deutschen Mathematiker-Vereinigung *47*, 115 – 124

Differenzengeometrie der Raumkurven und Flächen. Monatshefte für Mathematik und Physik *45*, 358 – 365

Konforme Abbildung für die Strömung um einen ebenen Tragflügel mit Querruder. Zeitschrift für angewandte Mathematik und Mechanik *17*, 187 – 188

1938

Hubbeschleunigung für die geneigte Sinuslinie. Reuleaux-Mitteilungen *6*, 37 – 39. (Beilage zu: Der Maschinenbau *17*)

Zus. mit Heinrich Graf: Fastrhombische Kurvennetze und Vierecksnetze. Mathematische Zeitschrift *44*, 362 – 386

Zur optischen Abbildung von Strahlensystemen. Zeitschrift für angewandte Mathematik und Mechanik *18*, 312 – 313

1939

Metrische Fragen der Gewebegeometrie. Mathematische Zeitschrift *45*, 265 – 288

Fastreguläre Sechseckgewebe und fastreguläre Abbildungen. Monatshefte für Mathematik und Physik *48*, 389 – 399

1940

Ausbreitungsgesetze schwacher Verdichtungsstöße in Gasen. Ingenieur-Archiv *11*, 239 – 241

Graphische Statik räumlicher Kräftesysteme mit Hilfe der dualen Kräfteabbildung. Zeitschrift für angewandte Mathematik und Mechanik *20*, 174 – 180

Über Interpolation von Kurvenscharen mit Anwendung auf die Berechnung von Geschoßflugbahnen. Zeitschrift für angewandte Mathematik und Mechanik *20*, 280 – 284

1941

Zus. mit Heinrich Pösch: Anwendungen des Adamsschen Integrationsverfahrens in der Ballistik. Ingenieur-Archiv *12*, 158 – 168

Charakteristikenverfahren für räumlich achsensymmetrische Überschallströmungen. Jahrbuch der Deutschen Luftfahrtforschung *1941*, I, 78 – 81

Linearverbindung kompressibler ebener Strömungsfelder. Zeitschrift für angewandte Mathematik und Mechanik *21*, 313 – 315

Zus. mit Heinrich Pösch: Rechnerische Differentiation von Kurven. Zeitschrift des Vereins Deutscher Ingenieure *85*, 195 – 197

1942

Charakteristikenverfahren für die eindimensionale instationäre Gasströmung. Ingenieur-Archiv *13*, 79 – 89. Übers. ins Engl.: The method of characteristics for the one-dimensional unsteady flow of a gas. The Graduate Division of Applied Mathematics, Brown University. Translation no. A9-T-2. 1948. 26 S.

Überschallströmung um beliebig geformte Geschoßspitzen unter kleinem Anstellwinkel. Luftfahrt-Forschung *19*, 148 – 152

Streifenmodelle und Stangenmodelle zur Differentialgeometrie der Drehflächen, Schraubenflächen und Regelflächen. Mathematische Zeitschrift *48*, 455 – 466

1943

Zur Theorie des nichtstationären ebenen Verdichtungsstoßes. Ingenieur-Archiv *14*, 14 – 20

Charakteristikenverfahren für Kugel- und Zylinderwellen reibungsloser Gase. Zeitschrift für angewandte Mathematik und Mechanik *23*, 29 – 32

Zus. mit Heinrich Pösch: Integriermaschine für gewöhnliche Differentialgleichungen. Zeitschrift des Vereins Deutscher Ingenieure *87*, 221 – 224. Zus.fassung: Elektrotechnik und Maschinenbau *61*, 435. Franz. Zus.fassung: Intégrateur mécanique. Génie civil *120*, 1943, 199 – 200. Übers. in Engl.: Integrating machine for solving ordinary differential equations. Engineers' Digest (Brit. ed.) *5*, 1944, 94 – 96 und (Amer. ed.) *1*, 1944, 326 – 328

1944

Zus. mit Heinrich Pösch: Zur Theorie der Integriermaschine für gewöhnliche Differentialgleichungen. Zeitschrift für angewandte Mathematik und Mechanik *24*, 63 – 70

Bemerkungen zur Prandtlschen Affintransformation für Strömungen mit Unterschallgeschwindigkeit. Zeitschrift für angewandte Mathematik und Mechanik *24*, 277 – 279

Zur Einführung in die Strömungslehre zusammendrückbarer Flüssigkeiten. Zeitschrift des Vereins Deutscher Ingenieure *88*, 301 – 307. Übers. ins Engl.: Introduction into the theory of compressible fluid dynamics. Engineers' Digest (Brit. ed.) *7*, 1946, 157 – 162 und (Amer. ed.) *3*, 1946, 297 – 302

1947

Bemerkungen zur Charakteristikentheorie der partiellen Differentialgleichungen zweiter Ordnung. Zeitschrift für angewandte Mathematik und Mechanik *25/27*, 151 – 153

Finite Analoga zur Differentialgeometrie der Asymptotennetze. In: Bericht über die Mathematiker-Tagung in Tübingen 1946, hrsg. vom Math. Inst. der Univ. Tübingen. Tübingen: Laupp, 1947, 127 – 129

1948

Gasdynamik. In: Angewandte Mathematik, hrsg. von A. Walther. Teil III, Mathematische Grundlagen der Strömungsmechanik. Wiesbaden: Dieterich, 1948. (Naturforschung und Medizin in Deutschland 1939 – 1946; Bd. 5), 101 – 128. Übers. ins Engl. in: H. Görtler, K. Karas, R. Sauer, L. Schiller and K. Wieghardt: Applied mathematics. Part III. Mathematical foundations of fluid mechanics. The American Fiat Review of German Science, 1939 – 1946, vol. 5. The O. W. Leibiger Research Laboratories, Inc., Petersburg, NY, 1950

Projektive Transformationen des Darbouxschen Flächenkranzes. Archiv der Mathematik *1*, 89 – 93

Geometrische Bemerkungen zur Membrantheorie der negativ gekrümmten Schalen. Zeitschrift für angewandte Mathematik und Mechanik *28*, 198 – 204

Zu W. Quade: Zur Theorie der ebenen stetigen Gaswellen von endlicher Schwingungsweite. Zeitschrift für angewandte Mathematik und Mechanik *28*, 251 – 252

Beziehungen zwischen der Theorie der Flächenverbiegung und der Gasdynamik. Archiv der Mathematik *1*, 263 – 269

1949

Projektive Beziehungen in der Charakteristikentheorie der partiellen Differentialgleichungen. Archiv der Mathematik *2*, 420 – 423

Stoßwellen in der eindimensionalen nichtstationären Gasströmung. Helvetica Physica Acta *22*, 467 – 472

Infinitesimale Verbiegung der Flächen, deren Asymptotenlinien ein Quasi-Rückungsnetz bilden. Sitzungsberichte der Bayer. Akad. d. Wiss., Math.-Naturwiss. Kl., *1949*, 1 – 12

Über die Gleitkurvennetze der ebenen plastischen Spannungsverteilungen bei beliebigem Fließgesetz. Zeitschrift für angewandte Mathematik und Mechanik *29*, 274 – 279

1950

Ausbreitungsgesetze schwacher Verdichtungsstöße in Gasen. Ingenieur-Archiv *18*, 239 – 241

Parallelogrammgitter als Modelle pseudosphärischer Flächen. Mathematische Zeitschrift *52*, 611 – 622

Dreidimensionale Probleme der Charakteristikentheorie partieller Differentialgleichungen. Zeitschrift für angewandte Mathematik und Mechanik *30*, 347 – 356

Elementare Theorie des langsam schwingenden Überschallflügels. Zeitschrift für angewandte Mathematik und Physik *1*, 248 – 253

1951

Elementare Lösungen der Wellengleichung isentropischer Gasströmungen. Zeitschrift für angewandte Mathematik und Mechanik *31*, 339 – 343

Projektive Beziehungen in der Charakteristikentheorie der partiellen Differentialgleichungen. Archiv der Mathematik *2*, 420–423

Unterschallströmungen um Profile bei quadratisch approximierter Adiabate. Sitzungsberichte der Bayer. Akad. d. Wiss., Math.-Naturw. Kl., *1951*, 65–71

Gruppen infinitesimaler Kollineationen. Sitzungsberichte der Bayer. Akad. d. Wiss., Math.-Naturw. Kl., *1951*, 129–138

1952

Zus. mit Max Kneißl: Sebastian Finsterwalder. (Nachruf). Jahrbuch der Bayer. Akad. d. Wiss. *1952*, 200–204 und Nachrichten der Österreichischen Mathematischen Gesellschaft H. *17/18*, 30–31

Iterationsverfahren zur Berechnung von Unterschallströmungen um Profile und axial angeblasene Drehkörper. Mathematische Nachrichten *8*, 213–216

Recent contributions to the theory of supersonic flow. Applied Mechanics Reviews *5*, 145–147

Linearisierte Überschallströmung um langsam schwingende Drehkörper. In: Proceedings of the International Congress of Mathematicians, Cambridge, Mass. 1950. Providence, RI: American Math. Society, 1952, Vol. 1, 635–636

1953

Richard von Mises. (Nachruf). Jahrbuch der Bayer. Akad. d. Wiss. *1953*, 194–196

Differenzengeometrie der infinitesimalen Flächenverbiegung. Monatshefte für Mathematik und Physik *57*, 177–184

Hyperbolische Probleme der Gasdynamik mit mehr als zwei unabhängigen Veränderlichen. Zeitschrift für angewandte Mathematik und Mechanik *33*, 331–336

1954

Remarques géométriques sur les équations aux dérivées partielles du second ordre, quasilinéaires et homogènes. In: Colloque Equations aux Dérivées Partielles, Louvain 1953. Liège, Paris 1954, 119–126

Über Flächenklassen, bei denen sämtliche infinitesimale Verbiegungen durch Quadraturen darstellbar sind. In: Convegno Internazionale di Geometria Differenziale, Venezia 1953, Atti. Roma: Ed. Cremonese, 1954, 1–8

Anwendung der Distributionstheorie auf das Problem des Überschalltragflügels. In: Mémoires sur la mécanique des fluides, offerts à M. D. Riabouchinsky. Paris: Service de Documentation et d'Information Technique de l'Aéronautique, 1954. (Publications Scientifiques et Techniques du Ministère de l'Air; hors série), 289–308

Projektiv-geometrische Sätze über lineare partielle Differentialgleichungen zweiter Ordnung. In: Proceedings of the International Congress of Mathematicians, Amsterdam 1954. Amsterdam: North-Holland Publ. Co., 1954, Vol. 2, 252–253

Uneigentliche Funktionen und ihre Anwendung in der Überschallaerodynamik. (Gastvortrag). Zus.fassung: Internationale Mathematische Nachrichten *31/32*, 76

Bemerkungen zur infinitesimalen Flächenverbiegung. (Gastvortrag). Zus.fassung: Internationale Mathematische Nachrichten *31/32*, 76–77

Elementargeometrische Modelle zur Differentialgeometrie (I). Elemente der Mathematik *9*, 121–131

Differentialgeometrische Eigenschaften der Integralflächen linearer partieller Differentialgleichungen zweiter Ordnung. Sitzungsberichte d. Bayer. Akad. d. Wiss., Math.-Naturw. Kl., *1954*, 305–314

1955

Die Bedeutung der elektronischen Rechenautomaten für die Entwicklung der Mathematik. Physikalische Blätter *8*, 348–358 und in: Wissenschaftliche Vorträge, Akademische Jahresfeier der TH München 1954. München: Bund d. Freunde der TH München, 1955, 5–10

Neue Ergebnisse und Entwicklungsmöglichkeiten in der theoretischen Gasdynamik. Jahrbuch der Wissenschaftlichen Gesellschaft für Luftfahrt *1955*, 26–32

Wackelige Zwölfkante. Abhandlungen aus dem Mathematischen Seminar der Universität Hamburg *20*, 1–9

Darboux-Kranz verknickbarer Vierecksgitter. Archiv der Mathematik *6*, 180–184

Elementargeometrische Modelle zur Differentialgeometrie II, III. Elemente der Mathematik *10*, 4–11 und 25–31

Einfluß der elektronischen Rechenautomaten auf die Entwicklung der Mathematik. In: Convegno Internazionale sui Problemi della Ricerca Scientifica, Atti della 5. Sessione delle Giornate della Scienza, Milano 1955. Roma: Consiglio Nazionale delle Ricerche, 1955, 3–7. Zus.fassung in: Convegno Internazionale sui Problemi della Ricerca Scientifica, programma definitivo. Roma: Consiglio Naz. delle Ricerche, 1955, 42–44

1956

Die programmgesteuerte elektronische Rechenanlage München (PERM) und ihre Verwendung für Aufgaben der angewandten Mathematik. Athen 1956. 15 S. (Wissenschaftliche Veröffentlichungen der Nationalen Technischen Universität Athen: No. 11)

Über die Münchner Rechenanlage PERM und die Entwicklung der numerischen Mathematik. Rendiconti del Seminario Matematico dell'Università e del Politecnico di Torino *16*, 39–54

Zus. mit F. L. Bauer: Einführung in die numerische Verfahrenstechnik für Rechenautomaten I, II. Mathematik, Technik, Wirtschaft (MTW) *3*, 8–14 und 62–67

Die programmgesteuerte elektronische Rechenanlage der TH München (PERM). Atombrief *7*, 14–15

1957

Überschallströmung um Rumpf-Flügel-Anordnungen. Jahrbuch der Wissenschaftlichen Gesellschaft für Luftfahrt *1957*, 230–231

Neue Ergebnisse und Methoden in der theoretischen Gasdynamik. Zeitschrift für angewandte Mathematik und Mechanik *37*, 308

Großrechenanlagen und numerische Mathematik. Jahresbericht der Deutschen Mathematiker-Vereinigung *60*, 21–32

Gedenken zur 100. Wiederkehr des Geburtstags von Walther von Dyck. In: Wissenschaftliche Vorträge, Akademische Jahresfeier der TH München 1956. München: Bund der Freunde der TH München, 1957, 10

Neue Ergebnisse und Methoden in der theoretischen Gasdynamik. In: Gesellschaft für angewandte Mathematik und Mechanik, Vortragsauszüge der Jahrestagung in Hamburg 1957. Hamburg: Kohrs, 1957, 20

1958

Sur les méthodes numériques sous le point de vue des machines électroniques. Athen 1958. 22 S. (Publications Scientifiques de l'Université Nationale Technique Athènes; No. 14)

Überschallströmung um Rumpf-Flügel-Anordnungen. Zeitschrift für angewandte Mathematik und Physik *9b*, 601–605

Einführung in den Kalkül der Distributionstheorie mit Anwendungen auf Anfangswertprobleme in der Gasdynamik. Abhandlungen des Mathematischen Seminars der Universität Hamburg *22*, 50–70

Besprechung von: Anwendung neuzeitlicher Rechengeräte in der Schwingungstechnik. Vorträge des VDI-Kolloquiums Darmstadt 1957. Düsseldorf 1958. (VDI-Berichte, Bd. 30). Forschung auf dem Gebiete des Ingenieurwesens *24*, 167

1959

Projectile aeroballistics. In: Selected topics on ballistics, Cranz Centenary Colloquium, Freiburg/Br. 1958. Ed. by W. C. Nelson. London: Pergamon Press, 1959. (Agardograph (Nato, Advisory Group for Aeronautical Research and Development); 32) 117–124

Théorie des écoulements des fluides compressibles à vitesse supersonique. In: Comptes rendus du Congrès International des Mathématiques de l'Ingénieur, Mons et Bruxelles 1958. Ed. par L. Derwidué et al. Louvain: Ceuterick, 1959. (Mémoires et Publications de la Société des Sciences, des Arts et des Lettres du Hainaut; hors série), 150–160

Application of numerical methods of the theory of characteristics to problems in gasdynamics. In: Symposium on the Numerical Treatment of Partial Differential Equations with Real Characteristics, Proceedings of the Rome Symposium 1959. Roma: Veschi, 1959, 3–11

Überschallströmungen um Kreisschnittkörper mit gekrümmter Achse. Ingenieur-Archiv *28*, 289–290

Numerische Mathematik beim Einsatz von Rechenautomaten. Buletinul Institutului Politehnic din Iasi, N. Ser. *5(9)*, 65–68

Sulla calcolatrice elettronica PERM (politecnico di Monaco, Bav.) e sullo sviluppo della matematica numerica. Rendiconti del Seminario Matematico e Fisico di Milano *28*, 3–17

Introduzione nel calcolo delle distribuzioni con applicazioni ad un problema aerodinamico. Rendiconti del Seminario Matematico e Fisico di Milano *28*, 18–35

1960

Geodätisch invariante Kurven bei beliebigen Abbildungen von Flächen. Zeitschrift für angewandte Mathematik und Mechanik *40*, 47–49

Finite und nicht-finite Flächeneigenschaften. Sitzungsberichte der Bayer. Akad. d. Wiss., Math.-Naturw. Kl., *1960*, 205–212

Zus. mit Helmut Heinrich: Friedrich Adolf Willers. Sein Leben und Wirken. Zeitschrift für angewandte Mathematik und Mechanik *40*, 1–8

Die moderne Entwicklung der numerischen Mathematik beim Einsatz von Rechenautomaten. Die Naturwissenschaften *47*, 145 – 148

Numerische Experimente in der Gasdynamik. In: Fünfter Österreichischer Mathematikerkongreß und Internationales Mathematikertreffen in Innsbruck 1960, Vortragsauszüge. Innsbruck: Wagnersche Univ.-Buchdruckerei, 1960, 60

Besprechung von: The numerical treatment of differential equations, von Lothar Collatz. 3. Aufl. Berlin: Springer, 1960 (Die Grundlehren der mathematischen Wissenschaften, Bd. 60). VDI-Zeitschrift *102*, 1810

1961

La convergence stable du calcul numérique pour la résolution des problèmes à conditions initiales. In: Colloque sur l'Analyse Numérique, Mons 1961. Louvain, Paris: Gauthier-Villars, 1961, 25 – 36

Besprechung von: Mathematical methods for digital computers, von Anthony Ralston und Herbert S. Wilf. New York: Wiley, 1960. VDI-Zeitschrift *103*, 1103

1962

Numerische Experimente in der Gasdynamik. In: Miszellaneen der Angewandten Mechanik, Festschrift W. Tollmien z. 60. Geburtstag. Hrsg. von M. Schäfer. Berlin: Akademie-Verlag, 1962, 273 – 276

Three dimensional problems in gasdynamics. In: Proceedings of the 6. Congress on Theoretical and Applied Mechanics, Delhi 1960. Kharagpur, India: Indian Institute of Technology, 1962, S. C1 – C6

Experimental mathematics on high speed computers. In: Proceedings of the 6. Congress on Theoretical and Applied Mechanics, Delhi 1960. Kharagpur, India: Indian Institute of Technology, 1962, 1 – 6

Rechenautomaten, ihr Leistungsvermögen und seine Grenzen. München: Verl. d. Bayer. Akad. d. Wiss., 1962. 21 S.

Längentreue Deformationen von Kurvennetzen mit einer Geradenschar. Monatshefte für Mathematik *66*, 166 – 173

Anwendung eines neuen Differenzenverfahrens auf die Ausbreitung nichtlinearer Druckwellen. Publications de l'Institut Mathématiques, Beograd, N. Sér. *2(16)*, 43 – 52

Wilhelm Blaschke. (Nachruf). Jahrbuch der Bayer. Akad. d. Wiss. *1962*, 1 – 4

1963

Differenzenverfahren für hyperbolische Anfangswertprobleme bei mehr als zwei unabhängigen Veränderlichen mit Hilfe von Nebencharakteristiken. Numerische Mathematik *5*, 55 – 67

Die Aufgabe des Mathematikers in der Aerodynamik (Siebente Ludwig-Prandtl-Gedächtnisvorlesung). Zeitschrift für Flugwissenschaften *11*, 349 – 357

Besprechung von: Vorlesungen über theoretische Gasdynamik, von J. Zierep. Karlsruhe: Braun, 1962. Zeitschrift für Flugwissenschaften *11*, 211 – 212

1964

Problemi e progressi recenti dell'aerodinamica dei fluidi compressibili. In: Atti del Convegno Lagrangiano, Torino 1963. Torino: Accademia delle Scienze, 1964. (Atti della Accademia delle Scienze di Torino, Classe di Scienze Fisiche, Matematiche e Naturali; 98, Suppl.), 345 – 356

Einfache Wellen in der Charakteristikentheorie von Systemen quasilinearer partieller Differentialgleichungen. Zeitschrift für angewandte Mathematik und Mechanik *44*, 203 – 209

Hans Piloty als Mathematiker. Elektrotechnische Zeitschrift, Ausgabe A, *85*, 705 – 706

Herleitung der Richtungs- und Verträglichkeitsbedingungen der Charakteristikentheorie bei einer beliebigen Anzahl der unabhängigen Veränderlichen. Sitzungsberichte der Bayer. Akad. d. Wiss., Math.-Naturw. Kl., *1964*, 97 – 105

Wechselspiel der geistigen Kräfte. VDI-Nachrichten *18*, Nr. 23, S. 9

1965

Leistungsfähigkeit von Automaten und Grenzen ihrer Leistungsfähigkeit. München: C. F. von Siemens-Stiftung, 1965, 30 S. (Themen; 9)

Über eine Transformation zur Linearisierung partieller Differentialgleichungen. Sitzungsberichte der Bayer. Akad. d. Wiss., Math.-Naturw. Kl., *1965*, 87 – 97

Problemi non lineari del tipo iperbolico dell'aerodinamica dei fluidi compressibili nel caso di più di due variabili indipendenti. In: Simposio Internazionale sulle Applicazioni dell'Analisi alla Fisica Matematica, Cagliari-Sassari 1964. Roma: Ed. Cremonese, 1965, 180 – 191

Robert Sauer'in Konferanslari: (4 Vorträge an der Technischen Universität Istanbul). Istanbul: Teknik Üniversite Matbaasi, 1965, 58 S.

1966

Numerische Ermittlung dreidimensionaler Überschallströmungen ohne Symmetrieannahmen. Wehrtechnische Monatshefte *63*, 67 – 71 und in: Beiträge zur Ballistik und Technischen Physik, Gedenkschrift für Hubert Schardin. Hrsg. von E. Schneider. Frankfurt/M.: Mittler, 1967. (Beiheft der Wehrtechnischen Monatshefte, Nr. 7), 188 – 192

Numerische Verfahren zur Lösung n-dimensionaler Anfangswertprobleme vom hyperbolischen Typus. Computing *1*, 105 – 114

Festvortrag, anläßlich der Namensverleihung „Staatliches Finsterwalder-Gymnasium" an die Oberrealschule Rosenheim am 18. 7. 1966. In: Jahresbericht 1966/67 des Finsterwalder-Gymnasiums Rosenheim. Rosenheim: Hasinger. S. 4 – 10

Die „angewandte" Mathematik. Bild der Wissenschaft *3*, 732 – 739

Mathematik und Naturerkenntnis. In: Grenzprobleme der Naturwissenschaft. Würzburg: Echter-Verlag, 1966 (Studien und Berichte der Kath. Akademie in Bayern; Bd. 37), 15 – 37

Alwin Walther. (Nachruf). Numerische Mathematik *9*, 379

1967

Finite Modelle zur Differentialgeometrie der Regelflächen. Revue Roumaine de Mathématiques Pures et Appliquées *12*, 127 – 135. Zusammenfassung: Sitzungsberichte der Bayer. Akad. d. Wiss., Math.-Naturw. Kl., *1966*, 14*

Mensch und Automat. In: Wahrheit und Verkündigung, Michael Schmaus z. 70. Geburtstag, Bd. I. Hrsg. von L. Scheffczyk. München: Schöningh, 1967, 148 – 158

1968

Winkeltreue Deformationen der Schmiegliniennetze auf allgemeinen Wendelflächen. Mathematische Annalen *178*, 4 – 11. Zusammenfassung: Sitzungsberichte der Bayer. Akad. d. Wiss., Math.-Naturw. Kl., *1967*, 14* – 16*

1970

Über eine Verallgemeinerung der Hodographenabbildung. Sitzungsberichte der Bayer. Akad. d. Wiss., Math.-Naturw. Kl., *1970*, 1 – 9

Geometrische Beziehungen in der Aerodynamik kompressibler Medien. Annali di Matematica Pura ed Applicata, Ser. IV, *84*, 157 – 170

Geometrische Bemerkungen zur Theorie nichtstationärer Gasströmungen. Zeitschrift für angewandte Mathematik und Mechanik *50*, 581 – 586

Über Verdichtungsfächer in stationärer und in nichtstationärer Strömung kompressibler Medien. In: Zbornik Radova posvećenog preminulom Akademiku Jakobu M. Hlitčijevu. Beograd 1970, 351 – 356

Uloga matematike u naše vreme = Die Rolle der Mathematik in unserer Zeit. Beograd 1970. 23 S. (Srpska Akademija Nauka i Umetnosti. Predavanja, knj. 11. Odeljenje prirodno-matematičkih nauka, knj. 6)

Projektive Liniengeometrie

Von

Dr. Robert Sauer

a. o. Professor an der Technischen Hochschule in Aachen

Mit 36 Abbildungen

Walter de Gruyter & Co.

vormals G. J. Göschen'sche Verlagshandlung
J. Guttentag, Verlagsbuchhandlung — Georg
Reimer — Karl J. Trübner — Veit & Comp.

Berlin W 35 und Leipzig

1937

Theoretische Einführung in die Gasdynamik

Von

Dr. Robert Sauer

o. Professor für angewandte Mathematik
an der Technischen Hochschule Aachen

Mit 99 Abbildungen im Text

Berlin
Springer-Verlag
1943

INTRODUCTION TO THEORETICAL GAS DYNAMICS

by

DR. ROBERT SAUER

Professor of Applied Mathematics

Technische Hochschule, Aachen

WITH 99 ILLUSTRATIONS IN THE TEXT

Translated by

FREEMAN K. HILL, PH.D.

Applied Physics Laboratory

The Johns Hopkins University

and

RALPH A. ALPHER, M.S.

Applied Physics Laboratory

The Johns Hopkins University

J. W. EDWARDS -:- ANN ARBOR—1947

Р. ЗАУЭР

ВВЕДЕНИЕ В ГАЗОВУЮ ДИНАМИКУ

Перевод с немецкого
Г. А. ВОЛЬПЕРТА

ОГИЗ
ГОСУДАРСТВЕННОЕ ИЗДАТЕЛЬСТВО
ТЕХНИКО-ТЕОРЕТИЧЕСКОЙ ЛИТЕРАТУРЫ
МОСКВА 1947 ЛЕНИНГРАД

ÉCOULEMENTS

DES

FLUIDES COMPRESSIBLES

PAR

R. SAUER

PARIS ET LIÉGE

LIBRAIRIE POLYTECHNIQUE CH. BÉRANGER

PARIS, 15, RUE DES SAINTS-PÈRES, 15

LIÉGE, 1, QUAI W. CHURCHILL, 1

1951

Р. ЗАУЕР

ТЕЧЕНИЯ СЖИМАЕМОЙ ЖИДКОСТИ

Перевод с французского

Под редакцией

А. А. ПОМЕРАНЦЕВА

И * Л

ИЗДАТЕЛЬСТВО
ИНОСТРАННОЙ ЛИТЕРАТУРЫ
Москва — 1954

ANFANGSWERTPROBLEME BEI PARTIELLEN DIFFERENTIALGLEICHUNGEN

VON

DR. ROBERT SAUER
o. PROFESSOR FÜR MATHEMATIK UND ANALYTISCHE MECHANIK
AN DER TECHNISCHEN HOCHSCHULE MÜNCHEN

MIT 63 ABBILDUNGEN

SPRINGER-VERLAG
BERLIN · GÖTTINGEN · HEIDELBERG
1952

Ingenieur-Mathematik

Von

Dr. Robert Sauer
Professor an der Technischen Hochschule
München

Erster Band
Differential- und Integralrechnung

Dritte erweiterte Auflage

Mit 179 Abbildungen

Springer-Verlag
Berlin / Göttingen / Heidelberg
1964

Ingenieur-Mathematik

Von

Dr. Robert Sauer
Professor an der Technischen Hochschule
München

Zweiter Band
Differentialgleichungen und Funktionentheorie

Mit 95 Abbildungen

Springer-Verlag
Berlin / Göttingen / Heidelberg
1961

Nichtstationäre Probleme der Gasdynamik

Dr. Dr.-Ing. E. h. Robert Sauer
o. Professor der Mathematik und Analytischen Mechanik
an der Technischen Hochschule München

Mit 92 Abbildungen

Springer-Verlag · Berlin · Heidelberg · New York 1966

Robert Sauer

Differenzengeometrie

Mit 95 Abbildungen

Springer-Verlag Berlin Heidelberg New York 1970

3. Berichte

Vorbemerkung: Die im folgenden erstellte Liste der Berichte, z. T. auch auf den Nachlaß gestützt, kann keinen Anspruch auf Vollständigkeit erheben. Die einzelnen Berichte sind so weit wie möglich bestimmt und nach ihren Erscheinungsorten aufgegliedert. Dies entspricht in etwa auch der zeitlichen Reihenfolge ihrer Entstehung. Die Berichte für die Direction des Etudes et Fabrications d'Armement/Laboratoire d'Etudes Balistiques de Saint Louis existieren meist in Deutsch und Französisch.

I) TH Aachen, Lehrstuhl für angewandte Mathematik

Bericht über Differentialgleichungen und qualitative Diskussion der Pendelungen flügelstabilisierter Überlanggeschoße. 13 S. (Ber. B2/3g)

Überschlägige Durchrechnung der Pendelungen eines flügelstabilisierten Überlanggeschoßes. 10 S. (Ber. B2/4g)

Berechnung des Einflusses der Pendelung auf die 45°-Geschoßflugbahn mit der Anfangsgeschwindigkeit $v_0 = 1100$ m/s. 16 S. (Ber. B2/5g)

Bericht über die ungestörte Geschoßflugbahn mit $\vartheta_0 = 45°$, $v_0 = 1100$ m/s. 10 S. (Ber. B2/6g)

Bericht über die durch die Einpendelung der Geschoßachse verursachten Ablagen und Streuungen bei $v_0 = 1100$ m/s, $\vartheta_0 = 45°$. 11 S. (Ber. B2/7g)

Bericht über den Einfluß auf die 45°-Geschoßflugbahn mit der Anfangsgeschwindigkeit $v_0 = 400$ m/s. 16 S. (Bericht unvollständig) (Ber. B2/8g)

Untersuchung des Einflusses des Abgangswinkels ϑ_0 auf die Einpendelung und die von ihr verursachte Flugbahnstörung. 8 S. (Ber. B2/9g)

Untersuchung des Einflusses der Anfangsgeschwindigkeit v_0 auf die Einpendelung und die von ihr verursachte Flugbahnstörung. 8 S. (Ber. B2/10g)

Bericht über die von einer Störung am Flugbahngipfel ausgelöste Pendelung. 13 S. (Ber. B2/11g)

Abriß der stationären kompressiblen Strömung (Gasdynamik). 53 S. (Aerodynamisches Institut)

Bericht über das Charakteristikenverfahren für die Überschallströmung am Drehkörper WK 581 E bei kleinem Anstellwinkel. 1942. 11 S. (Ber. B3/3g)

Schlußbericht über die Druckverteilung am Drehkörper WK 581 E bei Anströmung mit der Machschen Zahl $M = 1{,}86$ und dem Anstellwinkel $\beta^* = 3°$. 8 S. (Ber. B3/4g)

Bericht über die Strömung in Lavaldüsen in der Umgebung des engsten Querschnitts. 12 S. (Ber. B3/13g)

Erweiterung des Charakteristikenverfahrens auf Strömungen mit Wirbeln. 11 S. (Ber. B3/5g)

Bericht über das FISCHEL-Gerät zur Untersuchung gekoppelter Schwingungen. 1943. 12 S. (BG1)

Lineare Theorie der Pendelung drallfreier Geschosse. 1943. 20 S.

II) Aerodynamische Versuchs-Anstalt Göttingen

Übertragung gemessener Druckverteilungen auf beliebige Anstellwinkel. 1940. 6 S. (113/IV/20)
Theoretische Sonderprofile. 1940. 12 S. (114/IV/21)
Ermittlung der Druckverteilung zu einem beliebigen Profil. 1940. 9 S. (115/IV/22)
Potentialströmung durch ein Gitter. 1940. 8 S. (116/IV/23)

III) Zentrale für Wissenschaftliches Berichtswesen über Luftfahrtforschung, Berlin

Forschungsbericht Nr. 1269. 1940. Übers. ins Engl.: Method of characteristics for three-dimensional axially symmetrical supersonic flows. Tech. Memos. Nat. Advisory Committee Aeronautics, no. 1133, 1947. (FB 1269)
Linearisierte Überschallströmung um schief angeblasene Drehkörper. (FB 1341)
Theorie der nichtstationären Gasströmung I – IV. (FB 1675/1-4)
Zur Theorie des Strahlrohrs. 12 S. (FB 1864/1)
Zur Theorie der ebenen und der kugelsymmetrischen Explosion. 35 S. (FB 1957)
Allgemeine Eigenschaften der Strömung durch Düsen in der Nähe der kritischen Geschwindigkeit. 1944. 16 S. Übers. ins Engl.: General characteristics of the flow through nozzles at near critical speeds. Tech. Memos. Nat. Advisory Committee Aeronautics, no. 1147, 1947. (FB 1992)

IV) Lilienthalgesellschaft für Luftfahrtforschung

Rechnerisch-zeichnerisches Näherungsverfahren für räumliche Überschallströmungen. (LG 139/II)

V) TH Karlsruhe, Mathematisches Institut

Numerische Durchführung des RAYLEIGH-Verfahrens für ebene und für achsensymmetrische räumliche Strömungen kompressibler Medien. 15 S.
Schallfrequenz und Schalldruck bei beliebig bewegtem Schallsender und beliebig angeströmtem Schallempfänger. 15 S.
Zusammenstellung von Verfahren zur Messung, Auswertung und Bahnberechnung unbemannter Flugkörper. 31. 1. 1945

VI) Direction des Etudes et Fabrications d'Armement/
Laboratoire d'Etudes Balistiques de Saint Louis

Gebrauchsanweisung zum Charakteristikenverfahren für partielle Differentialgleichungen. 27 S. 1946 (Note 11a/46)
Gebrauchsanweisung zur Berechnung der Strömung um ein Ogival nach dem Charakteristikenverfahren. 8 S. 1946 (Note 12a/46)
Bemerkungen zur Strömung durch eine Laval-Düse von Unter- zu Überschallgeschwindigkeit. 5 S. 1946 (Note 15a/46)
Abschätzung des Wandeinflusses eines Windkanals in der Nähe der Schallgeschwindigkeit. 4 S. 1946 (Note 17a/46)

Lineares Charakteristikenverfahren zur praktischen Berechnung der Überschallströmung um ein Ogival. 7 S. 1946 (Note 19a/46)

Mathematische Grundlagen der Gasdynamik. (FIAT-Bericht) 41 S. 1947 (Rapport 1/47)

Zus. mit C. Heinz: Schallausbreitung im stationären Strömungsfeld. 20 S. 1947 (Rapport 3/47)

Geometrische Bemerkungen zur Theorie des Interferometers. 13 S. 1947 (Rapport 6a/47)

Methoden zur praktischen Berechnung von Überschallströmungen. Und: Die Berechnung der Überschallströmung um einen schief angeblasenen Kreiskegel. In: Tagungsbericht „Stationäre Gasdynamik", 23. – 25. Okt. 1946, Saint Louis. Fotomech. Masch.-Schr., 2 Bde., 1947, 17 – 26 u. 53 – 57 (Rapport 7/47)

Gasströmungen mit geradlinigen Charakteristiken. 18 S. 1947 (Rapport 27a/47)

Mathematische Methoden für nichtstationäre Probleme der Gasdynamik. In: Tagungsbericht „Nichtstationäre Gasdynamik", 31. Juli – 2. Aug. 1947, Saint Louis. Fotomech. Masch.-Schr., 2 Bde., 1947, 10 – 25 (Rapport 21/47)

Auswertung von Schlierenaufnahmen schief angeströmter Kegel. 13 S. 1947 (Rapport 30/47)

Zus. mit C. Heinz: Homogen-lineares Charakteristikenverfahren für die Überschallströmung um Drehkörper. 9 S. 1948 (Nr. 1a/48)

Berechnung der aerodynamischen Beiwerte der Leitwerke nicht rotierender Geschosse bei Überschallgeschwindigkeit. 22 S. 1948 (Nr. 2/48)

Überschallströmung um Drehkörper unter kleinem Anstellwinkel bei extrem hohen Mach-Zahlen ($M \to \infty$). 16 S. 1948 (Nr. 7/48)

Überschallströmung um schief angeblasene Drehkegel mit Berücksichtigung der Wirbelbildung. 13 S. 1948 (Nr. 8/48)

Asymptotische Gesetze für die Ausbreitung schwacher Verdichtungsstöße. 12 S. 1948 (Nr. 12a/48)

Beitrag zur aerodynamischen Theorie der Geschoßpendelung. 25 S. 1948 (Nr. 19/48) (C III 1, No. 3)

Zus. mit T. Fromme: Auswertung von Interferenzaufnahmen der Überschallströmung um Drehkörper unter kleinem Anstellwinkel. 7 S. 1948 (Nr. 23a/48) (C III 1, No. 2)

Mathematische Methoden der aerodynamischen Geschoßtheorie. 27 S. 1949 (Nr. 2/49)

Analytische und numerische Methoden der Geschoßaerodynamik. In: Compte-Rendu du Congrès sur l'écoulement des gaz, 1949, Saint Louis. 1949, 5 – 20 (LRSL 6m/49)

4. Herausgegebene Zeitschriften

Mitbegründer und Hauptherausgeber der Zeitschrift „Numerische Mathematik". Berlin: Springer, 1959 ff.

Mitherausgeber der Zeitschrift „Computing, Archiv für elektronisches Rechnen". Wien: Springer, 1966 ff.

5. Würdigungen und Nachrufe in wissenschaftlichen Zeitschriften

Robert Sauer 65 Jahre. Zeitschrift für Flugwissenschaften *11*, 1963, 373 (K. Oswatitsch)
Computing *6*, 1970, 371 – 372 (H. J. Stetter)
Numerische Mathematik *16*, 1970/71, S. I – II vor S. 285 (H. Götze, F. L. Bauer)
Jahrbuch der Bayer. Akad. d. Wiss. *1971*, 231 – 236 (J. Lense)
Zeitschrift für angewandte Mathematik und Mechanik *51*, 1971, 77 – 80 (J. Heinhold)
Atti della Accademia delle Scienze di Torino *105*, 1971, 673 – 676 (F. G. Tricomi)

Abdruck des Nachrufs aus der Süddeutschen Zeitung von E. Müller-Meiningen jr.

Zum Tod von Robert Sauer

Seine Freunde und Verehrer werden Professor Sauer, soeben im zweiundsiebzigsten Lebensjahr verstorben, das letzte Geleit geben. Und es ist schwer vorstellbar, daß dem noblen, bedächtigen, liebenswürdigen alten Herrn jemand nicht freundlich gesonnen sein konnte, verband er doch hohen wissenschaftlichen Rang mit einer stillen Herzlichkeit.

In Pommersfelden geboren, in Bamberg aufgewachsen, hat Sauer in den Jahren 1919 bis 1923 in München Mathematik und Physik studiert und 1925 an der TH promoviert. Von 1932 bis 1948 an der TH Aachen wirkend, kam er anschließend als Ordinarius für Höhere Mathematik an die TH München, der er bis zu seiner Emeritierung 1966, treu blieb. Hervorragende wissenschaftliche Leistungen werden ihm nachgerühmt auf den Gebieten der Geometrie, Statik, Kinematik und der „partiellen Differentialgleichungen mit Anwendungen für Überschallströmungen".

Zusammen mit Hans Piloty gelang ihm der Bau der elektronischen Rechenanlage PERM. Als Dozent lag seine Haupttätigkeit in der großen Mathematikervorlesung für Ingenieure. Aus der Fülle ihm zuteil gewordener Anerkennung seien nur die Ehrendoktorhüte der Technischen Hochschulen Dresden, Mailand und Wien herausgegriffen.

Doch der Wirkungskreis Sauers ging weit über sein Fachgebiet hinaus. Nicht nur als Rektor der TH München (von 1954 bis 1956), sondern insbesondere auch als Präsident der Bayerischen Akademie der Wissenschaften (seit 1965) und nicht zuletzt als Mitglied des Bayerischen Senats (seit 1962), dessen Erster Vizepräsident er zum Zeitpunkt seines Todes war, hat Robert Sauer in seiner persönlich bescheidenen, besinnlichen, humanen Art sein Bestes für die res publica geleistet, besorgt; nicht frei von Skepsis, doch, so wollte uns scheinen, nie ohne Hoffnung.

Abdruck aus den Mitteilungen der Technischen Universität München im Juli 1980

Zum 10. Todestag von
Prof. Dr. Dr. h. c. mult. Robert Sauer

Im August jährt sich zum 10. Male der Todestag des langjährigen Rektors und Prorektors Professor Robert Sauer. Aus diesem Anlaß sei noch einmal einiges über ihn und sein Wirken, das weit über sein Fachgebiet und über die TU München hinausreichte, in Erinnerung gerufen.

Folgen wir zunächst dem von Professor Josef Lense verfaßten Nachruf:

Robert Sauer wurde am 16. September 1898 in Pommersfelden (Oberfranken) geboren, studierte 1908 – 1914 am Humanistischen Neuen Gymnasium in Bamberg, 1919 – 1923 an der Universität und Technischen Hochschule München bei den Professoren Voss, Lindemann, Pringsheim, Finsterwalder, Sommerfeld Mathematik und Physik und promovierte 1925 an der Technischen Hochschule München zum Dr. rer. techn. 1926 habilitierte er sich an derselben Hochschule als Privatdozent für Mathematik und erhielt als solcher einen Lehrauftrag für Darstellende Geometrie für Architekten und Zeichenlehrer. Gleichzeitig war er Assistent von Geheimrat Sebastian Finsterwalder an dessen Lehrstuhl für Darstellende Geometrie.

Über die zum Teil gemeinsam verbrachte Studienzeit erinnerte sich Werner Heisenberg später:

Es gab Übungen zur Vorlesung ... und es stellte sich heraus, daß die Aufgaben durch das ganze Semester hindurch immer nur von zwei Studenten gelöst werden konnten. Einer war Robert Sauer (der spätere Mathematikprofessor und Präsident der Bayerischen Akademie), und der andere war ich. So ging es dauernd, entweder hat er die Aufgaben gelöst oder ich, aber nie ein anderer. Das war eine Art Wettkampf, und wir hatten viel Spaß.

Weiter heißt es im Nachruf von Lense:

1932 wurde er als a. o. Professor für Darstellende Geometrie und Praktische Mathematik an die TH Aachen berufen und dort 1937 zum o. Professor ernannt. 1944 erhielt er einen Ruf als o. Professor für Höhere Mathematik an die TH Karlsruhe, konnte aber dort sein Amt wegen der Kriegsereignisse nicht mehr antreten. Nach Kriegsende war er als Mathematiker (professeur agrégé) am deutsch-französischen Forschungsinstitut Saint Louis (Elsaß) unter der Leitung von Professor Schardin tätig.

Während dieser hier so knapp beschriebenen Zeit verlagerte sich Sauers ursprünglich geometrisch-differentialgeometrische und von Sebastian Finsterwalder beeinflußte Arbeitsrichtung. Es folgten Arbeiten aus dem Gebiet der praktischen und angewandten Mathematik, insbesondere über Gasdynamik (Strömungen kompressibler Medien). Sauer arbeitete daneben auch an der Konstruktion einer Integriermaschine für gewöhnliche Differentialgleichungen, einer verbesserten Bush-Maschine, mit.

Diese Arbeiten waren teilweise durch die Kriegsereignisse bedingt und fanden nach dem Krieg weitreichendes ausländisches Interesse. Die „Einführung in die theoretische Gasdynamik" wurde ins Englische und Französische übersetzt. Ein sowjetischer Ingenieur entschloß sich, eine Übersetzung in die russische Sprache vorzunehmen, um dieses wichtige Werk in der Sowjetunion bekanntzumachen. Als er nach mühevoller Arbeit, die er aus eigener Initiative unternommen hatte, das Manuskript der Übersetzung dem Moskauer Staatsverlag vorlegte, erfuhr er, daß bereits ein solches Buch durch eine andere unabhängig hiervon entstandene Übersetzung im Druck sei.

1948 wurde Sauer zum o. Professor für Höhere Mathematik und Analytische Mechanik an der damaligen TH München ernannt. Hier hielt er abwechselnd mit Lense die große viersemestrige Kursvorlesung über Höhere Mathematik für Mathematiker, Physiker und Ingenieure und daneben Spezialvorlesungen über sein Arbeitsgebiet. Aus den Kursvorlesungen entstand Sauers zweibändige „Ingenieurmathematik". Bei der Verleihung der Ehrendoktorwürde der TH Dresden hieß es später:

„Mit seinem Lehrbuch ist Robert Sauer zum Lehrer einer ganzen Generation von Ingenieuren geworden."

Den Titel eines Dr. h. c. erhielt er auch von den Technischen Hochschulen Mailand und Wien; in Wien übrigens gleichzeitig mit dem bekannten Architekten Alvar Aalto und dem Chemiker Egon Wiberg.

In den fünfziger Jahren arbeitete Robert Sauer im Verein mit Hans Piloty daran, eine elektronische Rechenmaschine an der TH München zu errichten. Die Anlage erhielt den Namen PERM (programmgesteuerte elektronische Rechenanlage München); sie muß als Keimzelle der Informatik in München angesehen werden, als Vorläufer auch des Leibniz-Rechenzentrums. Der Aufbau der Informatik folgte seither den lange gehegten Plänen Sauers. Eine steinerne Erinnerung an die beiden „Gründerväter" Sauer und Piloty sind die vis à vis angebrachten Reliefportraits in der Eingangshalle des Leibniz-Rechenzentrums.

Die Bayerische Akademie der Wissenschaften hatte Sauer 1950 zu ihrem Ordentlichen Mitglied in der mathematisch-naturwissenschaftlichen Klasse gewählt, 1960 wurde er zum Sekretär der Klasse, 1965 zum Präsidenten der Akademie gewählt. Im Bayerischen Senat war er seit 1962 Vertreter der Gruppe Hochschulen und Akademien, 1968 – 1969 als Schriftführer Mitglied des Präsidiums und seit 1970 Erster Vizepräsident dieser zweiten Kammer des Parlaments. Wegen seiner großen Verdienste wurde ihm 1962 der Bayerische Verdienstorden und 1966 das Große Verdienstkreuz mit Stern des Verdienstordens der Bundesrepublik Deutschland verliehen.

Zum Schluß sei noch erwähnt, daß Sauer außer den klassischen Sprachen Latein und Griechisch die modernen Sprachen Englisch, Französisch und Italienisch beherrschte. Er hatte Freude an Literatur, Kunst, Theater, Musik und spielte Klavier und Orgel. In häuslichen musikalischen Zusammenkünften hat er zu Liedern und Opernarien am Klavier begleitet und Beethoven- und Bruckner-Symphonien gespielt.

F. L. Bauer, G. Schmidt

Biographische Notizen

Geboren am 16. September 1898 in Pommersfelden in Oberfranken als Sohn des Hauptlehrers Johann Sauer (* 26. 9. 1863) und seiner Ehefrau Anna, geb. Falch (* 25. 5. 1861)

Besuch des humanistischen Neuen Gymnasiums in Bamberg von 1908 bis 1916 mit Reifeprüfung 1917

Wehrdienst vom 23. November 1916 bis 18. Januar 1919 im 2. Bayer. Feldartillerie Regiment (Würzburg), Bayer. Flakzug 35 (Champagne) und in der Flak-Schießschule (Lille)

Studium der Mathematik und Physik an der Technischen Hochschule und an der Universität München in den Jahren 1919 – 1923 (u. a. 1921 wohnhaft Liebigstraße 23/4 und 1922 Schießstättstraße 4/1)

Lehramtsprüfungen 1921/1923 mit Auszeichnung

Seminarzeit am Neuen Realgymnasium in München

Seit 13. April 1923 Studienassessor an der Lateinschule Amorbach im Odenwald

Vom 16. August 1923 – 30. April 1932 Assistent für Darstellende Geometrie an der Technischen Hochschule München

Promotion zum Doktor der technischen Wissenschaften an der Technischen Hochschule München am 17. März 1925

Vom 1. Oktober 1926 bis 30. April 1932 Privatdozent für Mathematik an der Technischen Hochschule München

Am 6. Oktober 1930 Heirat mit Johanne Anna Luise Winter (* 21. 7. 1901 in Burgsteinfurt, † 19. 1. 1956 in München)

Vom 1. Mai bis 30. September 1937 nichtbeamteter außerplanmäßiger Professor für Mathematik an der Rheinisch-Westfälischen Technischen Hochschule Aachen

Vom 1. Oktober 1937 bis 30. September 1944 ordentlicher Professor für Mathematik an der Rheinisch-Westfälischen Technischen Hochschule Aachen

In den akademischen Jahren von 1939 bis 1945 Dekan der Fakultät für Allgemeine Wissenschaften der Rheinisch-Westfälischen Technischen Hochschule Aachen

Vom 1. Oktober 1944 bis 1. Dezember 1945 ordentlicher Professor an der Technischen Hochschule Karlsruhe

Ab 1. Mai 1946 Professeur agrégé am deutsch-französischen Forschungsinstitut St. Louis/Elsaß-Weil/Rhein

Ab 1. Oktober 1948 ordentlicher Professor für Höhere Mathematik und Analytische Mechanik an der Technischen Hochschule München; damals wohnhaft in München, Romanstraße 34

Am 17. Februar 1950 Wahl zum Ordentlichen Mitglied der Mathematisch-Naturwissenschaftlichen Klasse der Bayerischen Akademie der Wissenschaften auf Vorschlag von Lense, unterstützt von Perron, Näbauer, Piloty, Löbell, Schumann und Faber

Rektor der Technischen Hochschule München 1954 – 1956

Prorektor der Technischen Hochschule München 1956 – 1958 und 1961 – 1962

Im Jahre 1957 erging an Robert Sauer ein Ruf der Universität Bonn, den er ablehnte

Seit 6. Juli 1957 Korrespondierendes Mitglied der Accademia delle Scienze dell'Istituto di Bologna (Sektion für Physik und Mathematik)

1961: Ehrendoktorwürde (Dr.-Ing. E. h.) der Technischen Hochschule Dresden

Mitglied des Bayerischen Senats als Vertreter der Hochschulen seit 1. Januar 1962

1962: Wahl zum Mitglied der Deutschen Akademie der Naturforscher Leopoldina in Halle

Verleihung des Bayerischen Verdienstordens am 13. November 1962

1964: Ehrendoktorwürde (Dr.-ing. h. c.) des Politecnico di Milano

Seit 1964 Korrespondierendes Mitglied der Internationalis Astronautica Academia

1965: Wahl zum Präsidenten der Bayerischen Akademie der Wissenschaften

1965: Ehrendoktorwürde (Dr.-Ing. E. h.) der Technischen Hochschule Wien

Verleihung des Großen Verdienstkreuzes mit Stern des Bundesverdienstordens der Bundesrepublik Deutschland am 2. Juni 1966

Emeritierung am 30. September 1966

Sekretär der Mathematisch-Naturwissenschaftlichen Klasse der Bayerischen Akademie der Wissenschaften von 1960 bis 1964

Seit 1968 Auswärtiges Mitglied der Accademia delle Scienze di Torino, Classe di Scienze Fisiche, Matematiche e Naturali

Wahl zum Ersten Vizepräsidenten des Bayerischen Senats am 8. Januar 1970

Gestorben am 22. August 1970 abends, an Herzschlag, in seiner Wohnung in München, Leopoldstraße 104/V rechts

Grabstätte: Waldfriedhof München Feld 258, Waldgrab 4 (s. folgende Lageskizze)

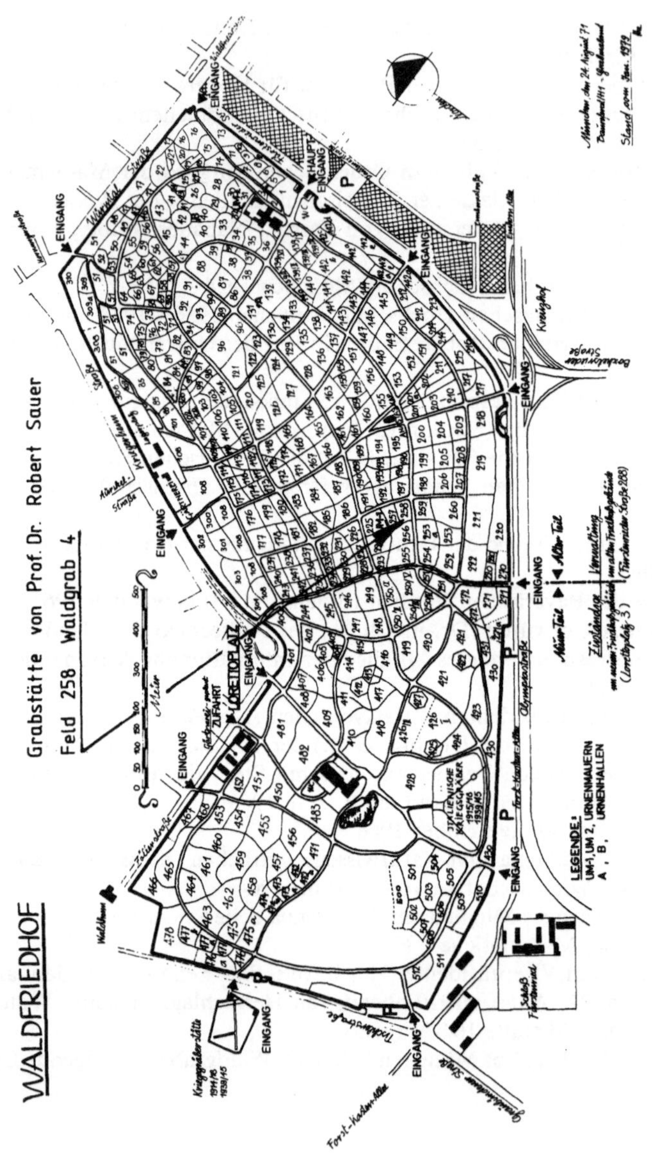
WALDFRIEDHOF
Grabstätte von Prof. Dr. Robert Sauer
Feld 258 Waldgrab 4
Meter
EINGANG
HAUPT-EINGANG
LORETTOPLATZ
ZUFAHRT
Olympiastraße
Kreuzhof
Neuer Teil
Alter Teil
Zuständige Verwaltung
(Lorettoplatz 3)
(Fürstenrieder Straße 288)
LEGENDE:
UM-1, UM 2, URNENMAUERN
A , B, URNENHALLEN
ITALIENISCHE KRIEGSGRÄBER 1915/18 1939/45
Kriegsgräberstätte 1914/18 1939/45
Schloß Fürstenried
Stand vom Jan. 1979

Ein Portrait Robert Sauers in Öl befindet sich in den Räumen der Bayerischen Akademie der Wissenschaften. Es stammt von Hans-Jürgen Kallmann (München) aus dem Jahr 1968.

In der Eingangshalle des Leibniz-Rechenzentrums der Bayerischen Akademie der Wissenschaften sind an zwei Pfeilern vis à vis Halbreliefbüsten von Robert Sauer und Hans Piloty angebracht. Sie wurden 1973 feierlich in Anwesenheit des Bildhauers Franz Mikorey enthüllt.

Eine von Professor Melchior Westhues von der Tiermedizinischen Fakultät der Ludwig-Maximilians-Universität gestaltete Büste Robert Sauers aus den sechziger Jahren befindet sich im Privatbesitz der Familie Westhues.